大学を問う

――初期大学史研究会のあゆみ

別府昭郎

大学は、なによりも、本式に訓練された学生の場であって、アマチュアやディレッタント、あるいは、余暇を持つ至極まじめな学生の場でもない。それは、最高の知的修練の場であって、単に基礎的な教授や有用な知識の場でもない。科学の進歩の場であって、単にその保存や普及の場でもない。しかもそれは、いろいろな知識部門を、相互に接触して調和のある接合関係にもたらし、教育と研究を、相まって進歩させるような場なのである。

（ラシュドール、横尾壮英訳『大学の起源』第3巻、３４６頁）

まえがき

私は、「大学史研究会のあゆみ」を、自分の精神的・学問的成長と重ねあわせて書いてみたいと常々思ってきた。とりわけ、準備期や第1期の「大学史研究会」は私のこころの故郷と思ってきた。この時期のことを書きしるしておきたいというのは長年の悲願であった。いくら思い入れが強くとも、木を見て森を見ずという結果に陥っているのではないかという疑念を拭い去ることができないのも事実である。そういう思いの中で、本書を試みることにした。そういう思い入れのある本書は、二つの部から成り立っている。

第Ⅰ部は、「初期大学史研究会のあゆみ」と題し、「初期大学史研究会のあゆみ」それ自体を描いた。第一章　準備期、第二章　第1期、第三章　第2期、第四章　第3期、第五章　総括的考察、これら五章から構成されている。

第Ⅱ部は、「『大学史研究会』と筆者の論文三つ」と題し、「大学史研究会」に関連して筆者が書いてきた、「大学史研究会」にかんする旧稿によって構成されている。第一章　ドイツにおける大学文書館、第二章　自著を語る、第三章　寺﨑昌男著『日本近代大学史』書評、というように三つの章から成っている。これらの原稿は書いた時間的順序にそっているが、とくに第三章は寺﨑昌男先生の本の書評だから、本書の最終を飾るのに相応しいと思っている。

第Ⅱ部のように、筆者のやってきたことを通観してみると、「大学史研究会」と完全に表裏一体になって論文を書いてきたのだなと思う。「大学史研究会」は「私のこころの故郷」と言った所以である。「こころの故郷」であるが故に一番腐心したのは「時代区分」であったが、他の人に理解してもらうに肝要なのは、「全体」(大局観という人もある)と肝要な「細部」である。「時代区分」は「全体」に当たるものであると思う。

だから「時代区分」は、他の人に理解してもらえるように設定したが、他の「時代区分」もあるかも知れない。でも、私にとっては、本書で設定した「時代区分」が一番しっくりきたので、これを選んだ。「時代区分」は以上のごとくであるが、重要な細部は、確実な記録で確認した。あやふやな部分は、皆川卓三先生の「セミナーの記録」や「大学史研究通信」で確かめて、確実な記録になるように努力した。とくに、寺﨑昌男先生(会員)をはじめとして、有本章先生(会員)、早島瑛先生(会員)、古屋野素材、安原義仁、荒井克弘、立川明、木戸裕、坂本辰朗、藤井基貴の各会員には、詳細な情報を提供して頂きお世話になった。とくに早島会員と木戸会員には、本書の心臓部にかかわる事柄で相談にのってもらった。山本尚史会員をはじめとして現事務局の人たちからも情報をお寄せ頂き心より感謝している。「大学史研究会」を媒介にして、共通の「知的広場」が形成されているのを感じた。これらの人々に確認したのは、事実に立脚して考える者としてあいまいな記憶や印象で書いてはいけないと思ったからである。

2023年11月30日

目次

第Ⅰ部　初期大学史研究会のあゆみ

はじめに

まずはじめに、筆者なりの「初期大学史研究会」の時代区分をしておきたいと思う。初期大学史研究会の歴史は、四つの時期に分けることができる。準備期、第一期、第二期、第三期、の四つである。そしてこの時代区分に従って客観的に説明をしてゆく方針である。できるだけ客観的に叙述することを心がけるつもりではあるが、知らず知らずのうちに筆者の「地金」（価値観）がでるかも知れない。

M・ヴェーバーは、学問について、とくに経験科学は、「なんぴとにも、すべきかを教えることはできず、ただ、かれがなにをなしうるか、また～事情によっては～なにを意欲しているか、を教えられるにすぎない。」（M・ヴェーバー　富永祐治・立野保男訳・折原浩補訳『社会科学と社会政策にかかわる認識の「客観性」』岩波文庫、35頁）と言っているが、大学にかんする歴史的事実を知った上でどうするかを決定するのは私たち自身であるから、研究で得た結論を活かすも活かさないも私たちが決めることである。実践の処方箋は経験科学（大学史もその一つ）の課題ではない。科学は事実をあきらかにする。処方箋はそれをもとにして人が書く。処方箋を書いた人は責任を負わなければならない。

ヴェーバーにならって、大学史を定義すれば、大学にかかわる出来事を、「解明しつつ理解し、そうすることにより、当の出来事の経過と結果が、なぜかくなって他とはならなかったのかを解明する、ひとつの科学である」と定式化できるだろう（参考：同書252頁）。だから、経験的科学な、大学史的なことと価値判断と実践的な価値判断とは、峻別しなければならないと思っている。
「初期大学史研究会のあゆみ」を書くときにも、筆者には客観的には同じ課題が課されていると言えよう。別の人が書けば、まったく別の「あゆみ」（歴史）が出来上がるかも知れないし、全く異なった結論が出るかも知れない。筆者は処方箋まで書くつもりはないが、記述の責任はすべて筆者にある。
ゲーテは、ワグナーとの会話の中でファウストに、
「過去の時代というものはわれわれにとって、
七重の封印をほどこした書物なんだ。
そして君たちが時代の精神と称しているものは、
畢竟するに著者自身の精神に、
時代が影を映しているにすぎないのだ。」（ゲーテ作、相良守峯訳『ファウスト』岩波文庫、48-49頁）
と言わせているが、本書も、筆者自身の精神が反映したものかも知れない。とは言え、筆者なりに、初期の『大学史研究会』の有り様を客観的に「解明」し、筆者なりに「理解」し、「記述」したつもりである。
さて、各時代を筆者なりにごく簡単に定義しておくことにしよう。
初期とは、大学史研究会を結成する動きから、創設20年から25年あたりまでを言う。したがって、準備期・第1期・第2期は、初期に入るが、第3期は入らないという意見もあるかも知れない。しかし、本文を読めばわかるように、初期にかかわる叙述で「なぜ第3期にも触れているか」あるいは「触れざ

るをえないか」を知ることができるであろう。

準備期とは、中山茂先生、横尾壮英先生、皆川卓三先生、寺﨑昌男先生たちが個別で別々に孤立して「大学史」（あるいは大学）を研究していたが、中山先生が仕掛け人となって、四人を中心として大学史を研究する会（大学史研究会）が結成されるまで（文中四人の先達だけは敬意を表して「先生」を使用し、他の人には会員もしくは氏を用いる。ただし先生方の先生や先生方と同格の人にも使うこともある）。

続いて、第1期は、大学史研究会の設立から和歌浦セミナーまでを言う。年代で言えば、1968年から1977年までを指す。

さらに、第2期は、若手（当時20代後半から、30代はじめ）の会員が『会』の運営をまかされた時代。実際に事務局を担った者の立場から言わせてもらえば、引き受けさせられたという実感が強い。この時代から、会の連絡は『大学史研究通信』で会員に知らせることとし、研究成果は『大学史研究』に発表することとなった。『大学史研究通信』と『大学史研究』との二誌体制になったのである。「科学研究費」で運営する会から「会費」で運営する会に変わったのも、この時期である。この変化は大きかった。

第3期は、会の運営と機関誌『大学史研究』の編集を事務局から分離させて運営する時代、この「運営」と「編集」を分ける体制は、現代まで続いている。

それぞれの時期について、筆者の知っている限り、忠実に、客観的に歴史的事実をおって叙述していく方針である。これからの叙述に思わぬ間違いがあるかも知れない。思わぬ間違いがあれば、ご指摘願いたい。大歓迎である。

第一章　準備期

「大学史研究会」を創設することになる横尾壮英、中山茂、皆川卓三、寺﨑昌男という四人の先生方は、はじめは孤立して、別々に大学史（大学）にかかわる研究をやっておられた。

中山先生は「科学史の背景として大学の歴史を知ろう」という考えを持ち、科学史の立場から大学の歴史に関心を持っていた。横尾先生は、イタリア留学から１９６０年に帰国し、大学史をやると覚悟を決め、自主的にラシュドールの翻訳をはじめていた。

西洋史専攻で大学史の先達である島田雄次郎先生は２度まで広島を訪問し、２度目の帰途中に持病を発病し帰らぬ人となってしまった。横尾先生はその追悼文を「朝日ジャーナル」（朝日新聞社　１９９２年廃刊）に書かれた。

皆川先生は、はじめ山形大学に職を得ていたが、神奈川衛生短期大学に移り、ラテン・アメリカの教育史・大学史を研究し、講談社の『世界教育史大系』などにその研究の成果を発表していた。四人のなかで一番若い寺﨑先生は、海後宗臣先生や勝田守一先生の厳しい指導のもとで、『教育学研究』に「日本の大学における自治的慣行の形成」という、後の博士論文の核となる論文を書いていた。海後先生は、「博士課程の任務は博士論文を書くことである」と寺﨑先生によく言っておられたそうである。

こういうふうに個々の研究者が箇別に大学を研究した状況のなかで、中山先生はアイディアマンであり、実行力に満ちあふれていた。歴史的課題の認識も持ちあわせていた。それらの研究者を組織しようと考え、まず広島大学を訪れた。

広島大学は皇至道先生以来の大学史研究の伝統があったので、中山先生はまず広島大学を訪れ、そこで、皇至道先生の大学史の系統を汲む横尾先生と初めて出会い、意気投合した。筆者が生前、横尾先生に伺ったところによれば、「二人ともひね者」だったそうである。

次に中山・横尾両先生二人揃って当時野間教育研究所の研究員であった寺﨑先生を訪ね、大学史（大学論）の研究を目的とする研究会の結成とその必要性を熱心に説いた。

ついで、横尾先生は、皆川先生に、大学史にかかわる会の結成の重要性をしたためた手紙を山形に出した。皆川先生の言葉通りに言えば、その手紙が神奈川県立衛生短期大学の皆川先生のもとに転送され、皆川先生は未知の人からの手紙にいぶかりながらも開封し、大学の歴史を目的とする会を結成するという趣旨に一も二もなく賛成し、参加した。そして、横尾先生に「人殺し以外のことは何でもします」と言ったエピソードが残っている。

第二章　第1期

1　成立の経緯と会の性格

第1期は『大学史研究会』の設立から和歌浦セミナーまでの期間であり、年号で言えば、1968年から1977年までである。

この期間の運営主体は、後に四人組（毛沢東亡き後、中国の実権を握ろうと画策していた江青以下四人の人たち。「四人組」と戯れて古屋野素材会員が言い出した。）と愛称される中山茂先生（東京大学、科学史）・横尾壮英先生（当時広島大学助教授、西洋教育史）・皆川卓三先生（神奈川県立衛生短期大学教授、ラテン・アメリカ教育史・大学史）・寺﨑昌男先生（当時野間教育研究所のち立教大学教授、東京大学教授、日本教育史）であった。

1968年10月26・27日の両日、第1回セミナーが、国家公務員保養所・鎌倉若宮荘で開催された。記念すべきセミナーである。まず、寺﨑先生から、「昭和43年度文部省科学研究費総合（B）」「大学の近代化過程に関する総合的比較的研究」が成立したいきさつの説明があった。そのあと、かんたんな自己紹介があり、シンポジウムへと移った（10頁以下を参照）。

この性格を一言にて表現すれば、「大学史研究会は、学閥にとらわれず、時流に流されず、腰を落ち着けて大学問題を学問的に研究することを目指す組織」と言えよう。

さらに社会学的に言えば、①教育機能と研究機能を併せ持つ、若手の育成と情報交換の機能を果たす組織であった。②大学（史）に関心を持つ者ならば誰でも会員になれ、上下関係のないゲマインシャフト的組織であった。

会に対して若手や創設者がどのような感想を持ったかにも触れておこう。

皆川先生は「大学史研究のためならば、人殺し以外のことなら何でもする」と語ったエピソードは既に紹介したが、この言葉ほど、仲間と研究する喜びを表す科白はないと思う。

運営員の一人であった寺﨑先生は思い出として「六〇年代末から一〇数年の間に生まれた、天与のユートピアのような学術交流コミュニティーの中で、（中略）、『研究者としての青壮年期』を送ったのだった。」（『尚志の士魂～紫紺に映えて』２０１６）と回想しておられる。

また当時学部学生であった安原義仁会員は、はじめて会に参加した感想を「正直なところ何がそんなに面白くて、あんなに夢中になって討論できるのだろうかと不思議に思ったものです。」（同書）と書いている。

そこに身を置いた当時最若手であった筆者の実感によれば、大学史研究会は、「正規の学会組織ではないが、インフォーマルな質の高い連合大学院のようなものであった。そこでは公的組織としての大学院ではとうてい期待できない発想の自由さと人の和があった。口角泡をとばす討論の雰囲気が満ちあふれており、出身大学や学閥にとらわれずに、大学および大学史に関心を持つ人であれば、老い（？）も若きも、未熟者も、外国人も、だれでも参加できるという方針が貫かれていた。」と位置づけられるものであった。

こういう場で自己形成できたことは僥倖であったと感謝している。今でも、この研究会の運営方針や研究会の雰囲気は、筆者の大きな栄養分となっている。筆者が、明治大学史を書くとき、明治19年代に、東京帝国大学総長が5大法律学校を監督する「私立法律学校特別監督条規」が出てきたときにもオタオタしないで済んだのも、『大学史研究会』での「耳学問」が大きい。

2　創設期の基本的問題意識

「大学史研究会」の創設時に全員に共通にあった基本的問題意識は、「いかにして、大学を捉えるか」、「大学・科学技術・学問に対する疑問」、「人学・大学史にかかわる文献」、「会員の問題関心のありか」四つに絞られていたと言っていいだろう。

(1) 大学史の方法論

大学史も学問（科学）である以上、方法論は、大変な関心事であろう。皆川先生による記録（『大学史研究通信』　第3号　32頁以下）によれば、第1回の鎌倉セミナーにふさわしく、シンポジウム「大学史の方法」が横尾先生の司会で実施されている。第1回のセミナーにおいて、すでに「格式張らず、発言の途中でも質問をすること」が確認されて、シンポジウムが始まっていることも指摘しておきたい。

日本教育史の立場から二見剛史会員が、ヨーロッパ主にドイツ大学史研究の立場から平野一郎会員が、科学史の立場から板倉聖宣会員が、それぞれ提案した。

これらの初っぱなの議論からも、その後のセミナーの議論からも明らかなように、事実を目指しての相互批判がさかんにおこなわれた。

それでは、会員は単なる実証主義者と問われれば、「単なる実証主義者」ではないと明確に断定できる。というのは、板倉会員自身「問題意識をもたない研究は無意味である」（『通信』第3号55頁）と言っているし、寺﨑先生も「研究と教育を分離する制度的発想となりかねない」（『通信』第6号3頁）と書いておられる。なぜ制度的発想が実証主義につながるかと言えば、制度に寄りかかるかぎり、機械的に処理できて、「考える」必要もないし、「思想」も「判断」も不要だからである。

大学史の方法については、その後あまり大きな話題にならなかった印象があるが、底流としては会員が自己のテーマ（言語もテーマも異なる）を追及するときに、つねに考えなければならない重要問題であるという認識は、共通にあったことは否めない。しかし「大学を如何に捉えるか」という方法論の問題は、まったく個人的問題と考えられたと思う。

方法論の問題は、大切ではあるが、つきつめていくと「個人的な、余りに個人的な」非合理的な個人意識の問題にいきついてしまうという考えがあったと思う。

何故そういうふうに思うかと言えば、会員の問題関心のありか、大学史にかんする文献の収集、学部・学科構成の論究などの問題に較べて、投稿が多くないからである。『通信』第1号に麻生誠会員の「問題意識及び方法について／文献」という論考があり、それからズッと飛んで第10号に古屋野素材会員の

「大学史研究の方法論に関する一考察」という論考があるだけである。

方法論がとくに大きな問題にされなかった理由は、問題意識は共通に認識されていたがいかに客観的に論じようとも、要するに会員の個人的な問題だと考えられていたという理由のほかに、コントの神学的段階・形而上学的段階・実証的段階という学問の発展段階説に従うと、四人の先生は、全員が実証的段階に達しておられたのではないかと推察している。皆川先生の手になる「セミナーの記録」を見てみても、「べき」(sollen) が問題になったことはほとんどなく、「ある」(sein) あるいは「かくあった」ということが問題となった。福澤諭吉の言葉で言えば、「多事論争」でセミナーは実施されたのである。たとえ、事実による検証に基づかない「憶断」が言われたとしてもまったく信頼されなかった。

方法論についての筆者の考えは、二つに纏めておこう。

第一に、この方法をとっていけば必ず歴史的信実に至りつくというのが学問的方法と長い間思ってきたが、私淑する丸山眞男は、経済学者ガルブレイスの説をひきつつ、「なるべく誤謬に陥るのを避けるところに方法論の意味がある。こういう方法をとれば真理へ到達するという確実な保証はない」という趣旨のことを書いている（『「文明論之概略」を読む㊥』51‐52頁）。筆者も、万人から異論の出ない結論はないと思う。大学史の研究でも、事実に基づいて論理的に導かれた「異なった見解」も充分可能でありうると思う。

第二に、筆者は「大学史は問題史」としかありえないと思う。「大学とは何か」という問い自体がすでに問題史である。学部とは何か、学位とは何か、カレッジとは何か、などなどすべて問題史である。

ちなみに、いささか筆者の感想めくが、『大学史研究会』に集われた四人の先生方は、コントの発展段階理論で言えば、形而上学的段階にある上の世代の先生方に対してアンチ・テーゼを設定し、「対決」しておられるように思えた。それは、学問の進展上、当然のことと思えた。

(2) 大学とはなにか

横尾壮英先生は、第一回目の発表だったか第二回目の発表だったか明確には覚えていないが、翻訳中のラシュドールの『大学の起源』(上)の「大学とは何か」を印刷・配布されたのを覚えている。もともと大学 (universitas) とは、学問的ギルドを意味し、あらゆる地方から学生の集まる場所を意味するストゥディウム・ゲネラーレ (studium generale) と意味的に合体し、大学 (universitas) が使われるようになったのである。あらゆる学部、知識のあらゆる部門を包含する組織という意味は、まったくないということに注意を促しておきたい。あくまで、大学は学問する者のギルドである。

ついでに、注意を促しておきたいことは、今は別々に使われているが、マスター、ドクター、プロフェサーという語は、もともと同義語であって、大学の先生を表す言葉だったという事実である。「医者」を「ドクター」というのは、完全にアメリカの呼び名にすぎない。

そもそも「大学史」を勉強するのに、H・ラシュドールを読まないで研究するのは、J・S・バッハを知らずに、「音楽史」を勉強するようなものだと思う。

(3) 大学史にかんする文献の収集

大学史にかんする文献の収集も熱心に行われたが、これは会員の関心のありかによって基本文献も異なっている。「大学史研究会」では第3号で大きく「文献紹介」を扱っているが、まず、第１回のセミナーで示された大学史にかんする基本文献から紹介しておこう。

Ｈ・ラシュドール　横尾壮英訳『中世におけるヨーロッパの大学』（『大学の起原』上中下として翻訳あり）

創設者の一人であり、Ｈ・ラシュドールの翻訳者である横尾壮英先生は、「最も包括的でヨーロッパ全体を包含し、旧来から最もよく利用されてきたのは、Ｈ・ラシュドールであろう」と書いておられる（『大学の起原』㊤「あとがき」）。

Ｃ・Ｈ・ハスキンズ　青木靖三、三浦常司訳『大学の起原』（翻訳あり）

Ｆ・パウルゼン『学問的教育の歴史』（翻訳なし）
『ドイツ大学と大学史研究』（翻訳なし）

Ｈ・デニフレ『中世大学の成立』（翻訳なし）

Ｓ・ディルセー池端次郎訳『大学史』（翻訳あり）

イギリスの大学については、Ｅ・マレット『オックスフォード大学史』（翻訳なし）

ドイツの大学については、Ｇ・カウフマン『ドイツ大学史』（翻訳なし）

第3号の文献紹介では、会員の興味関心にしたがって、多様な文献が紹介された。

ブリタニカと社会科学辞典の大学の項、スニガ（C. M. Ajo G. y Sáinz de Zúñiga）の『スペイン系諸大学の歴史』（全6巻、ここでスペインというのは、スペイン本国のみならず、海外領や植民地を指す）、カール・プラントルの『ミュンヘン大学史』（全2巻、ミュンヘン大学の正式名称は、Ludwig-Maxmilians-Universität と言い、１４７２年にインゴルシュタットに創設され、１８００年にランズフートに移転し、１８２６年にミュンヘンに移り、移転して生き延びた大学である)、L・リアール『フランスの高等教育』全2巻、F・ルドルフ『アメリカのカレッジと大学』、H・ホフュタッターとW・P・メッツガー『アメリカ合衆国における大学の自由の発展』、A・I・ティリヤード『ケンブリッジ大学の1800年以来の改革の歴史』、天野郁夫『近代日本における高等教育と社会移動』、であった。

百科辞典の大項目で勉強する方法は、芥川賞作家で文芸評論家の丸谷才一氏がどこかで推奨していたが、たしかに穴場かも知れない。『辞典』大きな項目は、その道の大家が書くからである。ちなみに、筆者も参加した平凡社百科辞典の「大学」の項は、寺﨑先生が書いておられる。

世の中はAIやSNS流行りであるが、本格的勉強や研究をするばあいは、スマートフォンやSNSに頼らずに、しっかりした辞書や事典などの文献で確認するべきだと筆者は堅く信じている。筆者にかんする記事でSNSに誤記が複数あるからである。大学の起原にかんして言えば、SNSの記事では参考文献も挙げてないし、書いた人の名前も書いていない。無責任である。

(4) 会員の問題関心

会員の問題関心は多種多様であって、会員の数以上に問題の数はあった。筆者の記憶にある主なものだけを挙げておこう。

「大学とはなにか」、「大学史方法論」は、すでに挙げた。そのほか、科学技術と大学、大学で教える資格、大学教師の職階制、大学改革、大学の理念史、大学と人材養成、教授の任用と昇進、フンボルトとベルリン大学、大学と真理の探究、帝国大学改革論、戦前日本の植民地における大学、学部と学問構成、教授と学生の実態、学位授与権などなどである。

こんなことが現在書けるのは、皆川先生が、一回ごとのセミナーの討論をテープに録音し、それをおこした「セミナーの記録」として、巻末に掲載されているからである。この記録は、今では、「そのときどきの研究会のレベルや関心領域を知る」のに貴重なデータとなっている。テープおこしに「情熱と好奇心」を持って取り組んできたのは世話人の一人皆川卓三先生である。先生には心から感謝しなければならない。セミナーの録音は第２期でも続けられてた。記録を見れば、どのセミナーで何が問題となったかが、一目瞭然でわかる。会の大きな財産と言わなければならない。

3　決めごと

初期の「大学史研究会」には、会をスムーズに運営していくために、幾つかの決めごとがあった。しかも会の趣旨に合致するものであった。その決めごと、原則とでも言うべきものを思い出す順に挙げてみよう。

①科研費で運営する。四人のうち誰かが文部省科研の代表者になる。
②参加者全員が発表する。とくに若い者から発表する。
③年１回か２回、セミナーを開催する。できたら風光明媚な場所を選ぶ。
④時間を区切らないで発表する。時間を句切るチン（ベル）はいらない。
⑤発表の途中でも質問ができる。湧いた疑問を忘れないために、その場で解決する。

⑥発表を寝そべって聞いても、発言してもいい。だから畳の部屋が在るところを選ぶ。
⑦ゆるい統一テーマを設定するが、個人の発表を縛るものではない、
⑧シンポジウムを組むこともある。このばあいも個人の発表を縛らない。
⑨機関誌として『大学史研究通信』を発行する。

こういう原則・決めごとで運営されていたから、四人の先生がたもその他の参加者も、セミナーに参加して、自分の問題意識に関連した知識を得ることができた。そして満足して帰ることができた。

4 セミナー開催場所とゆるい統一テーマ

第1期に、いつどこでセミナーを開催したのかその場所とゆるい統一テーマにかんして、具体的には皆川先生の回想録（本書32‐38頁）をご覧いただきたい。ここでは、第3回までと第1期最後になった和歌山和歌浦セミナーを示しておくに留めたい。

説明をしておきたいことは、「ゆるい統一テーマ」というときの「ゆるい」という意味である。当時は、参加者全員が発表するならわしであった。しかし、会員各自は、それぞれ問題関心があってテーマを個別に持っている。したがって、単一の「統一テーマ」で縛るわけにはいかない。そこで考え出されたのが、「ゆるい統一テーマ」であった。こうしておけば、「ゆるい統一テーマ」に拘泥せずに、自分の発表ができるというわけである。

『大学史研究会』の第1回セミナーは、「鎌倉セミナー」と呼ばれ、１９６８年10月26・27日の両日、

鎌倉の若宮荘で開催され、「ゆるい統一テーマ」は「大学史研への問題関心」であった。

第２回は、「神奈川江ノ島セミナー」と呼ばれ、１９６９年７月１・２日、江ノ島向洋荘で開催され海後宗臣・寺﨑昌男著『大学教育―戦後日本の教育改革９―』をめぐって」合評会がおこなわれた。

第３回、１９６９年12月５・６日、広島宮島セミナー、宮島ロッジ、「大学史に関する基本文献」

第１期の最後となった第11回のセミナーは、１９９７年６月３・４・５日の３日間、和歌山和歌浦で開催された。「ゆるい統一テーマ」は「国家・大学・プロフェッション」であった。このテーマは、当時寺﨑先生が勤めていた立教大学に、古屋野会員らと集まりワイワイ言いながら決めた記憶がある。

第３回の宮島セミナーは、筆者にとってとくに印象深くて、記憶に強烈に残っている。はじめて発表したからである。テーマは、「１７７３年イエズス会廃止後のインゴルシュタット大学」であった。

もう一つ忘れてならないのは、上山安敏先生がこの回から参加されたことである。誘ったのは、中山先生ということであった。上山先生の『法社会史』は、「名著ということだ」と横尾先生が言われたのを覚えている。ある日研究室での研究会で、横尾先生が柴田啓介さんに「概念がしっかりしてきたなー」と褒められた。後で聞くと柴田さんは、上山先生の『法社会史』で、とくに法概念と発想法や用語の使い方などを学んだそうである。

ちなみに付けくわえておくと、「パラダイム」という概念はトーマス・クーンの翻訳をした中山先生が持ち込んだと記憶している。「学際」という言葉も使われ始めたばかりだった。

5　会員の専攻学問分野

（1）学問領域別

初期の会員の専攻学問領域は多種多様であった。当時まだ院生であった筆者にとっては、多士済々であり、まさに連合大学院のようであった。こういうなかで学問的に、人間的に自己形成できたのは僥倖だと感謝している。

設立当時の『大学史研究通信』の第1号から第11号までの皆川先生の「セミナーの記録」によれば、大別すると、横尾先生・皆川先生・寺﨑先生をはじめとする教育学者と中山先生をはじめとする科学史家が圧倒的に多かった。そのほか上山先生のツテで、法学の人々も増えてきた。

具体的に述べると、第1期の13回セミナーまでの人数は、教育学213名（延べ人数、以下同じ）、科学史41名、法学者18名、医学4名、歴史学4名、図書館学3名、外国人2名であった。教育学者が突出して多いのは、四人の創設者のうち三人が教育学者であり、知り合いを誘ったり、横尾先生と寺﨑先生は大学院を担当していて指導を受ける学生の参加が多数あったことにも起因している。とりわけ、第7回鳥羽セミナーでは、法制史研究会と相互乗り入れを行い、久保正幡先生をはじめとして、多くの法学者の参加があった。

とくに忘れがたいのは、広重徹先生（数学、科学史）と原正敏先生（図学、科学史）である。広重先生は若くして亡くなられたが、『通信』第1号に「大学の歴史とわたし―発表文献リスト」という論考がある。さらに筑摩書房の「学問のすすめ（全24）」というシリーズで『科学史のすすめ』という編著がある。「経済学のすすめ」とか「哲学のすすめ」とかというように「何々学のすすめ」が多いなかで「科学史のすすめ」だけは「何々学のすすめ」がついていない。その本には中山茂先生も原稿を寄せられている。

中山先生は、そこで、19世紀のドイツ大学の科学の状況を知る上で不可欠であるF・パウルゼンの“Deuschen Univrsität und Universitätsstudium”（英訳“German Universities and Univerersity Study”和訳なし）、19世紀イギリス大学に科学教育がはいっていった過程を描いたE・アシュビーの『科学革命と大学』（島田雄次郎訳）、科学の社会史についての論文や「大学の自治」問題をあつかっているJ・ベン・デービッドの『科学と教育』（新堀通也訳　福村出版）というように、大学史にとって重要な文献を紹介している。

広重先生の科学史にたいする基本的な考え方は、科学の歴史を究明すること自体に意義がある、ということであった。科学史の効用として、合理性、客観性といった「科学的精神」を養うとか、科学の発展の法則を見出して科学研究の方法論として提供するとか、科学史の教育に寄与するとか、そういうことではなく、科学の歴史の究明それ自体に重点を置く考え方である。

原先生は独得の人柄であった。中山先生は、同書のなかで、技術教育の問題にふれたP・J・ブッカーの『製図の歴史』（原正敏訳）にも言及している。

その他の学問領域で思い出深い人々を挙げれば、杉原芳夫先生は「医学」であったし、中川米造先生は「医学倫理」であった。第7回セミナーであったと記憶するが、「法制史研究会」から、石部雅亮先生、大久保泰甫先生、勝田有恒先生、久保正幡先生、栗城寿夫先生という5人の先生方が参加されたのは印象深かった。法学者では、「学問の自由」や「大学の自治」の研究で有名な高柳信一先生を忘れるわけにはいかない。その後、石部先生は会員になられ、今でも寺﨑先生をはじめとして会員の幾人かと交際を続けられている。

筆者の思い出話をすれば、私講師の起原は、ドイツ大学史では重要な問題であるが、「医学」を専攻する杉原先生から「明日ガンで患者が死ぬかも知れないというとき、ここでは私講師の起原という悠長なこと議論している」と冷やかされたのは忘れられない。

そのうち、科学史関係の先生方があまり研究会に来られなくなった。その理由を失礼にも中山先生に聞いたことがある。中山先生の答は、「教育学の人たちは、オトナシすぎて、議論が活発でない」ということを言われた。それにかんして、当時東京農業大学におられた常石敬一会員が「わぁわぁやっているうちに何かいい考えが涌いてくるでしょう」と言われたのを思い出す。要するに、学問のスタイルが文科系の学問とはいちじるしく異なっていたのである。しかし、中山先生は生涯会員であり続けられ、先生を慕ってくる人たちを会員へと誘われた。常石先生は、その後毒物研究者として何回かマスコミに出演された。

(2) 文化圏および国別

会員の専攻を国ごとに見てみると、圧倒的に西ヨーロッパの国々が多い。旧ソ連の国々例えばポーランドのクラクフなどは、軽くふれられる程度であった。

イスラム教文化圏の国々の大学が研究の対象としてクローズアップされるのは、第2期以降のことである。

今の会員には知らない名前の、一時代まえの人が多いかも知れないが、ぜひ挙げておきたい。第２期を担った会員も、「大学史研究会」が創設されたときまだ大部分が学部学生か院生であったが、現在では安原義仁会員も、筆者も現役を退いていて、世代論的には、教えた会員世代のそのまた教えた会員世代が事務局を担っている時代である。第１期や第２期を担った人々のなかには鬼籍にはいった人もある。知らない人の名前が出て来ても無理はないと思う。

フランスは、池端次郎会員や松浦正博会員など、イタリアは横尾壮英先生や児玉善仁会員など、イギリスは柴田啓介会員、安原義仁会員、古屋野素材会員など、ドイツは平野一郎会員、上山安敏先生、椎名萬吉会員、潮木守一先生、別府昭郎会員など、アメリカは中山茂先生、喜多村和之会員、有本章会員、成定薫会員、立川明会員、坂本辰朗会員など、スペインは川口明憲会員など、ラテン・アメリカは皆川卓三先生など、中国は大塚豊会員など、韓国は馬越徹会員など、日本は寺﨑昌男先生、佐藤秀夫会員、二見剛史会員、舘昭会員、田中征男会員、羽田積男会員、中野実会員などであった。

中世や16世紀、19世紀、現代の改革などというように、時代別の分類も考えてみたが、上にあげた国の大学で説明できるので、時代ごとには挙げなかった。

6　男性研究者と女性研究者の比率

男性と女性の比率という発想は、創設期の「大学史研究会」にはまったくなかった。創設者たちが女性差別主義者であったという意味ではない。むしろ男女同権主義者だと言った方が正しい。世の中の仕組みが男性中心になっていたので、「大学史研究会」も自ずとそうなっていたにすぎない。「女子高等教育」を専攻する会員もいたのであるから、世間全体に「ガラスの天井」があったと言えるだろう。「大学史研究通信」によせられた投稿を見てみると、第1号に八木江里会員（東洋大、科学史）の『大学史研究への関心の出発点／文献』と第11号（第1期最終号）に養祖京子会員の『大学史セミナーについて』の2本があるにすぎない。

セミナーの参加者については、第3回宮島セミナーに、当時学部学生であった桑本陽子さんが参加したにすぎない。

第2期の事務局には、阪田蓉子会員がいたが、女性会員が増えたという記憶も記録もない。しかし事務局員全員が同権主義者だった事実は疑いようもない。

このように初期大学史研究会の女性会員の数はごく小数であったが、現在（2023年）の女性会員は、全体の3割となっており、昔日の比ではない。悦ばしいかぎりであるが、5割程度に増えていいと思っている。

7　四人の先生方による「10周年の回想」

ここで、創設者四人の回想をそのまま紹介しておこう。「回顧」を読むことによって、四人の先生方がどういうことを考えておられたのか、どういう風にして会を運営してこられたのかを知ることができよう。

《大学史セミナー10年の回顧》として、『大学史研究通信』11号に掲載された四人の先生方の「思い出」を採録することとする。これまでの記述とタブっている箇所もあるし、先生同士重なっている記述もあることを承知の上で読んでいただきたい。年齢順に述べることにしょう。

(1) 横尾壮英先生の回想

思い出すままに

大学史研究会も、いつの間にか10年以上の齢を数えるようになった。そろそろ選手交替を考えないと、マンネリ化の危険があるように感じられていたのだが、ようやく機熟して若手登場ということになりそうである。まずは芽出度い。

ところで、第一期が終わるとなると、やはり何か書き残しておいた方がよかろうということだが、この歴史の叙述が、私に関するかぎりどうしてかむずかしくて、締切日を大幅に越してしまった。今となっては、仕方なく初期のことを思い出すまま断片的に書きつらねてお茶を濁すことにする。話が自分中心になることを懸念している。また文中の人名については敬称略でお許し願いたい。

私がヨーロッパ（主にイタリア）から帰ったのは１９６０（昭和35）年である。それから暫くは、ひとりでほそぼそと大学史関係のものを読みあさりながら、およそ既存の学問からは顧みられない分野での安穏の欣びと、それにしてもどこかに話相手はいないかという気持ちを併せもっていた。広島に島田雄次郎教授が見えたのは、昭和39年11月のことで、それは私にとって喜ばしく、かつありがたい来訪であった。島田先生は翌年5月にも、西洋史学会のついでに広島まで足を伸ばされた。アシュビーの「科学革命と大学」の訳業のころで、当然そのことについても話がはずんだ。その昔、頼山陽が足を運んだという、太田川河口の「山文」という料理屋での閑談を、私は今も懐かしく想い出す。

しかし同教授は、この広島からの帰途、持病が再発してついに不帰の客となられる。これは辛い想い出である。訃報がとどいたのは12月であったが、その少しまえ、たしか11月1日に、私は新しい仲間、中山茂を知る機会に恵まれていた。彼が、田中真造（ドイツ社会思想史）の仲介で私の研究室を訪ねてくれたのである。この、私より思考力、活動力ともにダイナミックな（それに私以上に行儀が悪い）男との邂逅が、大学史研究グループなるものの形成の直接の動機になったことは確かであろう。私は独りではなにもしなかったに違いない。

最初に会ったときにどんな話をしたか、定かには覚えていないが、お互いに知っている範囲での研究者の交流の場をしつらえよう、そしてそのためにはまず科学研究費を申請することだ、ということで意見が一致した。翌41年1月私が上京する。新宿の伊勢丹の近くで東北の酒を飲みながら科研費の対策をねった。テーマは「科学技術の発展――その国際比較的・歴史的研究」ときめたが、それをどの分野で申請し、だれをキャップにするかなどが問題だった。

このころ、総合のA・Bの区別があったかなかったか、ちょっと思い出せないが、ともかく「部にまたがるもの」（関連する専門は教育学、科学史）で申請することにした。代表者については何人かを考え（二三の人に電話をかけたりもし）た、が結局まとまらず、後日にもちこしたすえ、私が貧乏くじを引くことになった。メンバーは広島で数人、東京で数人を集め、両チームの共同動作による研究とした。メンバー構成は次のとおりである。〈科学史グループ〉（東京）中山茂、広重徹、八木江里、板倉聖宣、原正敏、

〈大学史グループ〉（広島）横尾壮英、井上久雄、新堀通也、名和弘彦、沖原豊、田中真造。

私は、総合研究などというものは、著名な教授が代表者でなければ通らないものと思っていた。つまり、無名の私などが代表者では落第確実だと思っていたのだが、事実はそれに反した。当時の科研は１月末締切りで5月ごろには結果が分かった。１６０万（申請は２５５万）の交付を知らされたのは5月の19日と記録にある。１６０万という金は当時の物価を考えるとバカにならない額であった。たとえば広島～東京の2泊３日の出張旅費はだいたい1万5千円であったし、私の年末ボーナスは翌42年（44才）の時点で17万前後であった。

１６０万のやく三分の一を各人に個人研究費として配分し、70万を広島のセンター、35万を東京のセンターにリザーブした。広島のセンターでは高田杏子嬢が6月の初めから勤務して活動の裏方となる。その仕事の第一は、会合の準備であり、そのあとには、「タダ文献」の収集整理と、「欧文文献総会目録」の作成が待ちかまえていた。

第一回の会合は、7月11日から13日まで、宮島口の宮島荘で開かれた。当時としては、ここが冷房のきく数少ない共済関係の宿舎であった。東京から五人が夜行の「あさかぜ」で西下し、広島のメンバーも全員顔を出したが、そのほかに広島の大学院や学部で大学問題をやっている若手も七名ほど参加した。平田宗史、柴田啓介、山本光明、山野井敦徳、仙波克也、池田悦国、池端次郎である。集会の主題は、各自の研究関心と、それに関わる文献の紹介であった。共同研究の進め方についても、とくに第2日目以降意見の交換が行なわれ、その結果相互利用に役立つよう大学史と科学史の基礎的な事実を年表化するという申し合せが行なわれた。各人がカード百枚を提出することになったのだが、そのノルマを果したのは、けっきょく数名にすぎなかった。

ところで、この第一回の集会は一種の顔合わせみたいなものだったが、考えてみれば、すでにこの点で、それ以後の大学史研の性癖が現われ、方向づけがなされているように思われる。たとえば、合宿方式がとられたし、参加者は全員何か喋ることを前提とした。発表に鐘を鳴らして時間制限をするなどということはせず、また発表の途中で質問することも許された。発表やディスカッションに正座の必要はないし、そのための会場としてはむしろタタミの部屋が選ばれた。人数はあまり多くない方がよい。要するに、通例の学会方式には全くとらわれず、むしろそれをヤユするようなやり方がとられたわけである。

こういった点では、科学史の連中が大胆かつ前衛的であり、大学史の連中はそれに引づられたようなものだったが、ただ、科学史家がすべてそうなのではなく、その中でも上記の人びとは、とくにリベラル派ないしヤンチャ派に属するものとみた方が正しかろう。

それはそれとして、私と中山茂の間で呼吸の一致したことがらには、次のようなこともあった。学問をやるのに出身校だとか学閥などにわずらわされるのは御免である。もちろん専門領域も多彩である方が面白い。また、研究の中心勢力は3、40代であるはずだし、50をすぎた人びとは敬遠してむしろゲストなどの形でよぶ方がよかろう。それにしても手弁当ででも集まるという精神がバロメーターである。

＊　　＊

第一回の集会の前後から、いわゆるタダ文献の収集が始められたことは上述のとおりである。タダ文献とは何かといえば、文字どおり無料で入手できる文献のことなのだが、それは、欧米の大学がほとんど毎年出している大学一覧や年報の類を、できるだけ無料で寄贈してもらって、それを共同利用の一つの財産にしようという虫のいい計画であった。ただ、そういう虫のいいお願いをするには、多少ともパリッとした機関名が必要だというわけで、勝手にResearch Institute for Higher Education, Hiroshima Universityという〝研究所〟を作り、その名の入った便箋と封筒も用意した。依頼状は八木江里つづるDear Sirにはじまる名文で、それを田中真造がドイツ語に、池端次郎がフランス語に訳した。あとは宛名を書いて切手を貼る作業であり、７月から９月にかけて高田杏子が次々に投函した。対象は世界各国の主な総合大学、工科大学、研究所などであり、その数は１，０００をこえたと記憶する。

回収は順調に進んだ。航空便で厚い書物（何百年史の類など）まで送ってくれる奇篤な大学も少なくなかった。翌年６月現在で集まった点数は１，１７２であり、この回収率ないし打率は４割６分とはじかれた。国別に成績を評価すると、打率10割の濠州、セネガル、ノルウェーをはじめトルコ、台湾などが優と判定され、カナダ、フィンランド、英、蘭などが良（60点以上）、アメリカ、独、仏、伊などが５割前後、ソ連がゼロ（落第）であった。日本がこの種の依頼を受けたら、どういうことになるのだろうかと考えながら、謹んで有難く頂戴することにした（現在は広大、横尾研究室所蔵、そのリストは「欧文文献総合目録」の末尾にある）。

タダ文献と併行して行なわれたもう一つの作業は、国内の主な大学や図書館に所蔵されている、大学問題・大学史などに関る欧文の文献を調べることであった。対象となったのは東大、都立大、天理大など国公私の主要大学、国会図書館などいくつかの図書館、アメリカ文化センターなどでUniversities and Colleges という名のもとに収められている欧文文献である。つまり、そうした文献カードのコピーを集めてどこにどんなものがあるかを知ろうとしたのである。そのためには、まず依頼状を出し（広大図書館の藤田孝一事務長の援助をえた）、さらに場合によっては直接出向いて趣旨説明とお願いをすることにした。

この訪問作戦で忘れられないのは、スバル360である。そのころ（今もか）中山茂は、ブルブルと音を立てて猛然と走るスバル360をもっていた。私は上京のたびにこの車に同乗して、弥次喜多道中よろしく、都内の大学や図書館を訪れた。たとえば、多分あとでふれる富津の合宿のあとには、日ソ図書館、独文研など、そして同じ43年の10月には上智とICUといった具合に。こうして29の機関からもらった文献カードの写しはやく1万枚に達した。この1万枚を整理してやく4千点とし、それを所蔵する大学や図書館の名を挙げたのが、「大学に関する欧文文献総合目録」で、昭和44年11月に学術書出版会から公刊された。

われわれの最初の心づもりでは、研究の用に役立ちさえすればタイプでもいい、一冊のものになればということだったが、三井数美氏に会ったのが契機で、文部省の刊行助成金を得たりして、えらく立派な本になってしまった。

＊　　＊

ところで、41年にもらった科学研究費は、翌42年にも同額交付された。そのおかげで上記の作業が進んだし、さらには43年以後もしばらくは高田さんが残って、仕事をつづけることができた。

昭和42年には、とくに全員の研究集会というものは開かなかったように思う。その代わりでもないが、むしろ新しいメンバーとの接触をはかった。６月の半ばごろであったか、雨の中を野間研に寺﨑昌男を訪ねた。その時のことは、寺﨑メモにゆずることにするが、広島の大学史と東京の科学史では、最も大事な日本の大学史の専門家が欠けており、なんとかその方面の研究者とパイプを通じたいというのが、訪問の趣旨であった。

われわれの訪問は寺﨑をかなり刺激したもののようであるが、彼もわれわれの考え方には大いに共鳴してくれた。大学史研究グループの歴史はこの時以来新しい段階に入ったといってよい。というのは、これを契機に第二次の科研費の申請が企てられた。それは新しいメンバー構成を意味する。メンバーの数がふえただけではない。日本の大学史を含む従来よりも多彩な分野の人びとが加わった。広島と東京の二つのグループをこえた、その意味ではより開かれたものになったともいえる。新しい科研「大学の近代化過程に関する総合的比較的研究」に参加したメンバーは次のとおりである。麻生誠、池端次郎、板倉聖宣、沖原豊、小林哲也、佐藤秀夫、椎名萬吉、鈴木慎一、仙波克也、高木英明、寺﨑昌男、中川米造、中山茂、原正敏、平野一郎、広重徹、二見剛史、皆川卓三、八木江里、山崎真秀、横尾壮英。

このメンバー構成は、寺﨑が新しく科研申請の代表となることを承諾させられ、（彼もまた、自分みたいな無名の者がと躊躇した）、何とかやりましょうといってくれたあと、中山、横尾の三人で各方面に連絡依頼してでき上ったものである。

科研の申請とともに、第二回目の合宿セミナーを千葉県富津で行なうことになった。２月末の１泊２日であったが、それだけでは時間が足りず、東京湾を船で渡って横浜の中華料理屋で飯を食いながら話をつづけたように思う。それにしても、この富津のセミナーに関しても、私のところに残っているのは会員への案内状などであって、実際の参加者や話の内容については何も記録もない。大学史研究会の記録の本格化には、皆川卓三の登場を待たねばならないし、また「大学史研究通信」の発刊が必要になる。富津までは、万事が序論的段階にあったといえそうである。（以上横尾壮英先生）

（2）中山茂先生の回想

十年一日の弁

「十年一日のごとく」という言葉があります。これは褒め言葉にもけなし言葉にもなるのでしょうが、ぼくはつい後者の方に解釈しがちなのです。

好きで一人でやる学問などは、何年も何十年もつづけても、誰にも迷惑をかけることはないでしょうが、他人を捲きこむ会の組織などは、十年つづけることは、よくないんじゃないか、というのが、ぼくの個人的信条です。ぼくは三十代には科学史学会の役員だの何だのをやって、十年たったらすっかりマンネリになり、今ではすっかり手を引いていますが、やめてよかった、とつくづく思います。大学史研究会も、思えば横尾さんなんかと語らってから、もう十年以上たっぷりたちました。ここらで自分としては一区切りつけたい、と切に思う今日このごろです。

ぼくたちの年輩の連中には、よくやたらと忙しがってフウフウ云っているのがいます。それはそうでしょう。半永久的な仕事を引き受けて、それが年令とともに累加する一方ですから、理の当然と云うものでしょう。

人間の時間や体力には一定の限界があるから、何か新しいことを一つはじめるには、古いことを一つやめねばならない理くつになります。その法則を無視して古いことをやめない限り、新しいことには十分手がつかず、つい新しいことへの反応が鈍くなり、生気、活力を失って、保守的な人間になるのです。仕事の垢やコレステロールがたまって、血のめぐりが悪くなり、動脈硬化をおこすのです。

しかし、ぼくたちの仲間には、そんなことを云ったって、まだ若い人には任せられるほど彼らは成熟していないとか、若い人を組織づくりの雑用から解放して研究に専心できるように庇護しなければならない、という人がいます。その両方ともウソだと思います。

東大の初代教授の世代には、そういうことを云う人がいました。しかし、若手で元気のいい人たちは、その「庇護」から脱して、東北大づくりをはじめました。三十代の若さで教室づくりから草創期の雑用一切を引き受けて、それで結構東大に残った連中よりずっと良い研究業績を上げたのです。やはり組織の面では先生なんかいないことは、いいことです。

ぼくたちは若い頃、科学史学会の先輩から、長老支配に抗してクウデターを起こした、という有り難いような有り難くないような評価を受けました。今、ぼくはクウデターが起こる以前に身を退くことになったのは、個人的には幸であったかもしれません。しかし、ぼくは何も活力を失ったから引退する、というのではありません。何か新しいことをはじめたいから古いことをやめるのです。そして、今後は野党のベンチに坐ることによって、さらに活力を取り戻したいと思うのです。（以上中山先生）

（3）皆川卓三先生の回想

『大学史研究セミナーの記録』の回顧

『セミナーの記録』がはじまったいきさつ

「大学史研究通信」の第3号から本号までの各号に、「セミナーの記録」が掲載されている。いつも論稿や報告の後に置かれているので、付録みたいな感じで読まない人もいるが、またそうでもなくて、これを珍重して必ず読んで下さる方もいなくはない。大学史研究セミナーで、報告や発表以外に、どんなことが話題に上り、討論が行われたかを知るのに貴重だ、というわけである。

それはともかく、「セミナーの記録」はどんないきさつで掲載されはじめたものであろうか。

それは第3回セミナーのときであったから、いまから数えて8年前、昭和44年12月の宮島セミナーのときのことであった。第2日目の朝食後、食堂で横尾さんがとつぜん、〝今回のもあわせて3回のセミナーの、報告や討論をすべてテープに録音してある。このテープから、日時・場所・参加者の記録を最低必須内容にした〝セミナーの記録〟をおこしたいと思う。この仕事を皆川さんにまかせたらどうだろうか〟と、参加者諸氏に問いかけ相談をした。このような指名の相談に、他の人々が反対するはずもなく、その場で全員一致で私が引受けることにきまった。

引受ける当の本人は、この仕事が意味する重要さとか、その後に起こることになる苦労など深く考えもせず、〝皆さんがよろしければ〟とか何とか言ってあっさり引受けてしまったのだが、さてあとになってみれば、それは浅慮もはなはだしいことなのであった。

帰りの列車の中で、録音魔とアダ名される寺﨑さんから手渡されたカセット・テープは、往復60分ものが18枚、つまり18時間分であった。落着いて考えてみれば、記録最低義務内容の「日時」・「場所」・「参加者」などは、何もテープがなくても、参加資料や自分のメモを見ればすぐ分かることで、これは大して骨折れる仕事ではない。

問題はテープの内容を、どう要領よく「記録」に文章化するかということである。それになお、どのようにまとめるにもせよ、テープはいちおう全部聞かなければならない。このたび引受けたセミナー３回分だけで、一通り１回聞くだけで単純に18時間を要する。１日２時間ずつ割いて９日間を必要とする。

初回の印象はいまだに強烈に残っている。それから以後11回のセミナーの「記録」テープおこしを引受けつづけたのは、この印象が私にとってはなはだ強烈であったせいによる。テープに録音されている内容が、きわめて新鮮で魅力的であり、私にとってほとんど全く未知の内容にあふれ、既刊の書には見当たらない貴重な知識にみちみちていたことが、このテープおこしの仕事に私を夢中にさせた理由なのである。

『記録』をおこす苦労のいくつか

いくら意義ある「記録」テープおこしだからと言って、この仕事に何の苦労・苦心がなかったというのではない。

何と言ってもまず、テープの分量が回を重ねるにつれ、増加していったことがあげられる。第１回・２回・３回のセミナーは１泊２日ぐらいですんだが、それ以後は２泊３日がふつうのことで、第６回大山セミナーは４泊５日、第７回鳥羽セミナーは３泊４日というぐあいに、セミナー日数がふえればそれだけ録音テープの枚数もふえて行く。途中で、えらいことを引受けてしまったものだと、後悔することがなかったと言えば嘘になる。

次に苦労だったことは、話し言葉と書き言葉（文章化）にギャップがあったことである。テープを聞いてみると、話す言葉がそのまま文章になるような話し方をする人はまれで、だいたいがそのまま文章になるどころか、主部と述部がくいちがい、意がとれず、飛躍があり、よどみが多く、文章化など不可能とも思われる話しにぶつかることが多かった。だから、テープを何回もまき戻し、内容の大意を理解してから文章に書くという時間をかけねばならない。したがって、60分テープ1本を処理するのに、その4～5倍の時間がかかったのである。

外国語がポンポンとび出すのも、聞きとるのに骨が折れた。英・独・仏語はもとより、中世大学に話が及べば、ラテン語までがとび出し、まれにはギリシア語も出てくる。イギリスやアメリカの大学、ドイツ大学、フランス大学の研究報告が多かったのだから、最低3ヶ国語を聞きとる耳がなければならない。いったいどうやってこの困難をのりこえたか、自分でも不思議に思っている。

「大学史研究セミナー」でとられたひとつのおもしろい方式は、発表・報告の途中でも、質問や意見をさしはさんでも差支えないということであった。質問が討論に発展し、発表・報告者の予定のすじみちから外れて、予想外の方向につっ走る。こんな脱線があったのでは、発表・報告のすじみち立った記録など文章化できるはずがない。さいわい、発表・報告などは、「研究通信」の各号に論稿などとして掲載されることになったから、「セミナーの記録」では、途中にさしはさまれる質問や意見・討論をできる限り細大もらさず収録することになった。事実、討論や意見にはなかなかすばらしい内容が多かった。だから、そのときどきの大学史研究会（セミナー）のレベルや方向や関心領域を知るのには、「セミナーの記録」を読めばよいという評価が与えられることになった。

毎回のセミナーで、テープコーダーを操作してくれたのは、広島大学の学生・院生諸君で、大変なご苦労をかけた。ところがその骨折りにもかかわらず、電源のせいか、テープが古くなったのか、コーダーに異常が生じたのか、ともかく何も録音されていなかったり、ほとんど再生できないようなテープ不調がしばしば起こった。実は、今だから正直に言うのだが、そんな場合にはむしろ内心ホッとして、楽ができると喜んだものである。ちょうど学生が、突然の臨時休講を、何かトクしたように喜ぶのと似ていなくもなかった。だが、今にしてみれば、貴重な内容がずいぶん失われて惜しいという感がなくもないのである。

『セミナーの記録』を概観して

ところで「セミナーの記録」は、セミナーの開催回数だけあるわけだが、ぜんぶで13回開催（記録）されたうち、第12回目と第13回目のテープおこしは、私が引受けたものではない。第12回伊豆大川セミナーのそれは、別府さんはじめ広島大学の院生・卒業生の皆さんが努力してまとめてくれたもので、第13回目のそれも、舘さんや別府さん・古屋野さんが世話してくれることになっている。このところ何となく忙しいことがあり、エネルギーも衰えはじめたので、若い方々に替ってもらったわけだが、いざそうなってみると、ナマの録音の迫力をもう一度この耳でたしかめたいという気持にかられることがある。だから私自身、記録おこしは大変だと言いながらも、案外に、これを楽しんでいたと思わざるを得ない。

さて、大学史研究通信の第３号から第11号までを、ひっくりかえしてごらんになれば分かることなのだが、いま敢えて紙面のむだを承知しながら、各回の記録最低義務内容の「日時・場所・参加者数・メインテーマ」を一覧にまとめてみると、次のようになる。

第1回鎌倉セミナー（昭和43年10月26、27日：鎌倉若宮荘：18名：シンポジウム「大学史研究の方法」）

第2回江の島セミナー（昭和44年7月1、2日：江の島向洋荘：12名：海後・寺﨑著「大学教育 戦後日本の教育改革9」合評）

第3回宮島セミナー（昭和44年12月5、6日：広島県宮島ロッジ：14名：大学史に関する基本文献の紹介）

第4回熱海セミナー（昭和45年5月23、24、25日：新熱海ホテル：17名：大学史に関する基本文献紹介）

第5回浜名湖セミナー（昭和45年12月6、7、8日：浜名荘：23名：1900年前後における大学の学部・学科構成）

第6回鳥取大山セミナー（昭和46年8月1、2、3、4、5日：しろがね荘：15名：大学改革の歴史的検証）

第7回鳥羽セミナー（昭和47年1月28、29、30、31日：いそぶえ荘：27名：近世以降における学問体系と大学の学部学科構成の関連）

第8回大津セミナー（昭和47年12月8、9、10日：さざなみ荘：19名：大学史基本文献紹介と研究報告）

第9回名古屋セミナー（昭和48年5月18、19日：王山会館・名大職員会館：19名：潮木著「近代大学の形成と変容——19世紀ドイツ大学の社会的構造——」を中心とする研究討論）

第10回大洲セミナー（昭和49年1月11、12、13日：愛媛県大洲市臥龍苑：27名：大学モデルの国際交流史）

第11回厚木セミナー（昭和50年1月10、11、12日：神奈川県立衛生短大・全共連厚木事務センター研修所：26名：学位制度）

第12回伊豆大川セミナー（昭和51年1月9、10、11日：日大伊豆大川セミナーハウス：38名：学位制度の

研究）

第13回和歌山セミナー（昭和52年6月3、4、5日：和歌の浦共済会館：29名：大学・国家・プロフェッション）

こうしてみると、昭和43年から今年52年までのちょうど10年間、多い年には2回、最低1年に1回のセミナーが開催されつづけた。10年ひと昔とは言うが、「記録」につき合ったせいか私には、43年第1回鎌倉セミナーはついこの間のことかと思われる。参加者数も、第12回伊豆大川セミナーの38名を最高にして、年々増加してゆく傾向にある。もとよりこの研究セミナー開催には、科研費という経済的支柱があったことは否定できないが、大学史研究に関心を寄せる研究者が少しずつ増えていると認めないわけには行かない。

参加者の具体的顔ぶれを見渡してみると、何といっても多いのは教育史専攻者ではあるが、科学史専攻者も多く、法制史・医学史・工学技術教育史などの専攻者もかなりいる。それは大学史研究がまさに学際的研究であることを示すに他ならない。その所属大学・研究機関の範囲も国・公・私立のすべてにわたり、おそらく大学史研究セミナー（研究会）ほど、多彩なメンバーを集めた研究会は他にないのではあるまいか、と思われる。

飽きもせず毎回皆出席者が何人かおり、たまに断続的に出席する人、海外滞在研究のため1時欠席した者などがいるが、ぜんたいとして言えることは、どちらかといえば若い年齢層の参加者がしだいに増えている傾向が見られることである。専攻・研究領域を問われて、「大学史研究」を名乗る人も何人も出て来たのだから、わが国における「大学史研究」は市民権を得て定着しはじめたと言える。

大学史研究セミナー（研究会）は、今後も、どんな形にもせよ存続しつづけるものと思われるが、おそらくこれと同時に、この「大学史研究通信」のようなインフォーマルな研究情報交換誌もまたなんらかの形で存続されつづけるであろう。そうとすれば、「セミナーの記録」もやはり、いかなる名称と形であるにもせよ、「記録」されつづけるにちがいない。大学史研究が「歴史」研究である限り、「記録」を尊重しなければならないはずだからである。（以上皆川先生終わり）

（4）寺﨑昌男先生の回想

大学史セミナーと私

「えー、私は東大教養学部で科学史をやっている中山というんですが、えー、一度そちらの研究所の大学史関係の資料などみせていただきたいと思っているのですが、広島大学の横尾壮英さんとお二人でお訪ねしてもいいでしょうか」

野間研に、今はすっかり耳になじんだ中山さんの声でこういう電話がかかってきたのは１９６６年の6月なかばのことだった。

実はこの日附について、私は最近まで思い違いをしていて、66年の10月の8日か9日のことだと記憶していた。しかし横尾さんの日記には、昭和41年6月15日に、「野間研訪問」とあるそうだから、これは決定的である。お二人が、あの中山さんの電話を前ぶれに、講談社別館の裏口から入ってこられたのは、6月のなかば、正確には15日だったわけである。

なぜこんな日附にこだわるのか、こう書きながら私にも不思議だが、やはり私のこれまでの研究歴の上で、あれが忘れることのできない日だからである。少し大げさに言えば、お二人にとってはともかく、私にとっては、あの日こそ後ちの大学史セミナーへの決定的な第一歩になった日であり、同時に、私の研究視野を、ぐんと大きく開いてもらったそのきっかけになる日だからである。もちろん、その日には、そんなことは分からなかった。野間研には来訪者が多い。資料を閲覧に来る人も多い。そういう方の一部だろう、という位に考えて、とりあえず第二応接室という部屋を取っておいた。

＊　＊

第二応接室にあらわれた二人は、なかなか風格があった。

今だって風格があるのだが、とにかくそれまで私の接していた教育学の同年輩の先輩たちと、どこか違った持ち味を感じたことを、はっきり覚えている。東京裁判当時キーナン検事が住んでいてそこから市ヶ谷の法廷へ通っていたという講談社別館のマントルピースのある応接間で、私は、お二人をお迎えした。話はもっぱら中山さんとした。横尾さんはそばで相づちを打ったりうなづいたり、要するに重々しい印象だった。といって、中山さんが軽々しかったわけでは毛頭ない。初対面の私の顔をあの大きな眼ではっきり見ながら、日本の大学史研究のこと、東大の歴史のことなど、いろいろな話をされた。私も初対面であることを忘れたように、なぜ明治10年代の東京大学では理財学や政治学が文学部の中にあったのでしょう、とか、外国の大学の沿革史を解説した目録のようなものはありませんか、といったようなことを話したり聞いたりした。要するに、私は嬉しく、楽しかった。そうだ、おれはこういう話を、誰かとしてみたかったのだ、と思った。

私はこの前年、1965年の6月に野間研に入った。高等教育史、大学史を自分の専攻領域にしようと思ってから大分経っていた。井上毅の教育改革の共同研究はまとまりかかっており、一方3カ月後の9月末には、「近代日本における大学自治制度の成立」というテーマの学位論文を東大に提出するつもりで、昼夜兼行の仕上げをしていた。また海後宗臣先生との共同の仕事である『大学教育』(叢書・戦後日本の教育改革9巻)もまとめかけていた。割にいろいろなことをやってはいたが、何か非常に不安だった。

＊　　＊

海後、勝田守一という二人の恩師のもとで、しごかれたり励まされたりしながらシコシコと仕事をやってはいたが、大学史、高等教育史については、討論し合えるような仲間は、ほとんどなかった。海後、勝田両先生は度量といい学識といい私には実にありがたい師匠たちだったが、それだけに、仲間とはいえなかった。東北大学にいた稲垣忠彦君や国研に入ったばかりの佐藤秀夫君、それにそのころ経済学部の大学院にいた宮澤康人君などは、井上研究その他を通じての啓発的な研究仲間であったが、それぞれ教育史の中での専攻領域が違っており直接に大学史研究を交流することは少なかった。うっかりすると、私は、教育史の研究者の中で一人よがりの〝専門家〟になりかねないところであったと思う。

人が少なかった、というので思い出すが、お二人の訪問後4カ月目、正確には、その年の10月8日に中央大学で行われた教育史学会のシンポジウムは「明治期の大学」というものだった。しかしその人選は難航をきわめたそうである。はじめは日本・西洋・東洋についてそれぞれ一人という案もあったが、うまくいかない。では日本だけということにしてみたが、これも人が揃わない。結局、「日本」の、それも「明治」というところにしぼって、「明治期の代表的な大学に勤務している会員に発表をお願いする」という方針になり、東大、中央大、同志社人、慶応義塾大につとめている教育史学会の会員が一人づつ発題者になるという、はなはだしまらない企画だった。フロアーで聞いていた私にも、おそろしく頼りないシンポジウムで、焦ら焦らしながら発言したりしていた。要するに、大学史を本気でやるという人が、極端に少なかったのである。あとで聞くと、このシンポジウムを、中山、横尾両氏も聞いておられたそうである。

一方、私自身はといえば、孤立して何とか研究を進めてはいたが、不安であった。私の受けてきた教育制度史研究のディシプリンで、大学史・高等教育史という対象に果たしてどこまでアプローチできるか。高等教育体制史や高等教育政策史なら、なんとか迫れるだろう。しかしそれだけでは、明らかに道具立てが足りない。個別の専門学や科学が皆目分からないし、外国の大学史、高等教育史についても、さっぱり見通しがきかない。まるで小舟にのって舵もオールもないままに、だんだんと沖合に漂い出してゆくような頼りなさを感じていた。

私たちは二年位前から実は科学史の人と教育史の人を集めて科研費をとっているのです、と二人は話された。科学史の方はともかく、教育の方で大学をやっている人が少なくて、いろいろ探しているんです。12月ごろに千葉の方で研究会をやりますから、来てみませんか。渡りに舟、とはこのことである。一も二もなく、参加させて下さい、と頼んだ。何か発表してくれませんか、という話にも、ええ、ええ、やります、入門の束脩だと思ってやります、と答えた。

翌年1月(?)千葉の富津での研究会には、横尾・中山両氏のほか、原正敏、八木江里、広島からは柴田さんや仙波さんが来ておられたと思う。私は、何と、科研費の上では「講師」ということになっていた。「科学技術の発展と大学」というのがその科研のテーマだった。この時、私は講座制についての短い発表をした。

＊　　＊

科研費の代表になってくれないか、と二人が私のところに再び来られたのは、その年の暮れ近くなってからのことである。科研費による研究を手伝ったり、会計操作の下働きをしたりしたことは幾度かあったが、大学院生のため正規のメンバーになったことは一度もなかったので、「とんでもない」というのが、まず率直な返事だった。後年、皆川さんを代表におし立てたとき、皆川さんは、横尾さんの電話に、「先生方の仰言ることなら、人殺し以外は何でもします」と答えられたそうだが、私の場合は、それほどいさぎよくはなかった。とうとうお二人は、横浜まで来て、私に、名義だけでいいから、代表者になってほしい、といわれる。中山さんは「野間研はアナだと思う。寺﨑さんが、初めて、というのもいい。科研とは大きな大学にいる有名人が代表者にならないと取れないというのはフィクションです」、と妙なおだて方で口説き、横尾さんは、「当たらんかも知れんし、当たるかも知れん。まあ先きのことは当たってから考えればええじゃないですか、ハハハ」と、今に変わらぬトボけようである。うぶな私は、いいように乗せられて、引きうけてしまった。

3人で喋りながら浮かんできたテーマは「大学の近代化過程に関する総合的・比較的研究」。横尾・

中山・寺﨑の三人連名で教育史と科学史の広い範囲の方の承諾書を集め、総合Ｂ（これも、この時はじめて新設されたもので、学際性を強調するにはこれがいい、という中山さんあたりの意見でこれにした）で申請した。

９月、これが当たった。１２０万円という、当時の私には棍棒でなぐられたような思いの金額である。計画調書というのを書いて野間研の人に文部省へ持って行ってもらったら、二、三日して文部省の助成課から電話がきた。「先生、他には手落ちはないんですが、交付金額の欄に12万円とお書きになっておりますので、何とかお書き直して下さいませんか」。すっかり動顚していた私は、「千円」という活字の前にも１２０と書いていたのだ。

＊　　＊

１９６８年の10月、鎌倉の若宮荘ではじめてのセミナー。これ以後のことは、10号までの『大学史研究通信』にくわしい。又、この号で他の方もお書きになるだろう。二見・平野・板倉三氏の発表と、その後の討論は――その後の恒例のごとく科研のテーマとはいささかずれていたが――八木、中川米造、板倉といった科学史の側の論客たちと、平野一郎、麻生誠など教育の側の論客たちとが、全く混戦的な論争（？）をやった。その上を響きわたってくる中山さんの大音声（ついでながら、よく中山さんの電話に出る私の母は、〝中山先生の声を聞くと、私はテレビで藤原弘達さんを見ているような気になる〟という。ただし、〝会ってみると、そりゃ中山先生の方がずっと上品〟だそうである）、ゆっくりした口調でボソリと肝心なことを言う横尾さんの声と風貌、平野さんと並んで、血色のいい顔でニコニコ笑って居られた皆川さんの顔などが、とくに印象に残っている。

とにかくこの時の印象は、強烈だった。わあわあと喋りたいことを喋るのが、これほど知的興奮をかき立ててくれることを、私ははじめて知った。野性的な（つまりガラの悪い）科学史の人達にはごくあたり前の会合だったのだろうが、おとなしい教育学の人達との会合しか知らなかった私は、全く驚いた。他の方も同様だったらしい。『通信』の第一号に、「昨年の鎌倉での大学史研究セミナーではきわめてstimulativeな研究会をもつことができました。数日後、『まだあの時の興奮がのこっています』と伝えてこられた教育史研究者がありました」と私は書いたが、この教育史研究者は皆川さんのことである。少しつけ加えると、この時皆川さんは、「いいですね、ほんとに科学史の方は頭の回転が早いですねえ。全く目が回りそうで、こんなに（と手をヒタイの前で回して）なりましたよ。でも、またお声をかけて下さい、ぜひぜひ参加します」といわれた。慶応で開かれた教育史学会の第11回大会の席上であった。

私は、こういう反応があったから、安心して次の様に書いた。「学問領域のちがいを越えてみのりある成果をうることは困難なことにちがいありませんが、当面異なった発想をぶっつけ合うことのなかから、『大学史』という未拓の領域へのとりくみを進めてゆきたいと思います」。

＊　＊

『大学史研究通信』の第1号は、この時の参加者の方からの寄稿をならべて作ったものである。「第1号」と銘うったけれども、まさか11号まで、10年間もつづくなどとは思ってもなかった。「活版印刷になったら読む気がしませんな」「立派な本など図書館でよめる。私なんか、大事にとってあるのは、ガリ版やコピーの印刷です」こういった横尾さんや中山さんの注文を承りながら、「何とかもう一号やってみませんか」と言い言い、つづけてきたのである。タダ原稿に嫌な顔もせず寄稿して下さったメンバーの方達の熱意が、これを支えたほんとうの力だったと思う。

私は私で、こうした雑誌作りが妙に楽しかった。学会誌というのは、確かに「業績」の点数にはなる。しかし、起承転結のある完成論文しかのせてくれない。少々行儀が悪くてものせてくれる教育ジャーナリズムはいっぱいあるが、その原稿料たるや、安いのに腹が立ってくる。どうせなら、原稿料はタダでよいから、気楽に書いたものをのせられる雑誌はできないものか。ちょっとしたアイデアが浮かんだ時、なにかちょっとした資料をみつけ出した時、そんな時に、投稿できる雑誌。要するに書きたいことを書き、それを読みたい人が読んでくれるような雑誌がほしかった。そういうものがなければ、研究は面白くないではないか。また、そういう雑誌にのるようなアイデアや資料こそフォーマルな学会型研究の地下水のような役割を果たすのではあるまいか。大学院のころから持っていたこういう夢を、この後――科研費をやりくりして――果たしてみたいという気持ちが、私にはあった。この夢を11号にわたって果たすことのできたのは、とりわけ嬉しいことだった。4号以降、評論社の竹下さんの黙々とした励ましも、ありがたかった。考えてみれば、評論社も取りすました出版社ではなかったから、こういう甘えを許してもらえたのだと思う。

＊　＊

「つまり私たちは10年間放談会をやってきたわけですよ」。

今年和歌山で皆川さんと私と三人残って話をした時の横尾さんの名言である。

そう、私たちは、10年間大学史放談シリーズをやってきた。誰のためでもなく、自分のためにやってきた。少なくとも私はそうだった。名簿もなく会則もなく、来る人は拒まず。去る者は追わず、といいたいが、もともと誰が去ったのか、どうすれば去ったことになるのかわからないのだから追いかけようもない。第一回の時にまくし立てて、その後顔が見えないと思ったら、10年目の和歌山で大発表をやった板倉さんのような人もいる。

自分のためにやった、ということにかかわっていえば、科研費の用紙に書いたようなことは別として、ことごとしい目標や理想のようなものを立てなかったのも、却って永続きできた原因ではないかと思う。「学際研究」といったコトバさえ、セミナーが生まれたころは造語されていなかった。しかし、実際は、セミナーではそれをやってきた、と思う。

私についていえば、そのことは「耳学問」というもののありがたさ、という形で、わからせられた。19世紀のヨーロッパ科学について、ラテン・アメリカの大学とスペインの大学の関係について、ドイツのホッホシューレについて、日本の専門学校について、ドイツのインゴルシュタット（Ingolstadt）やゲッティンゲン（Göttingen）について、法曹養成とカメラリスムス（官房学）について、アメリカのアクレディテーションについて、その他、科学史、法制史、社会学、大学史等々の方法と知識を聞くことができたのも、大放談シリーズを通じてである。この10年間、セミナーで新しく聞いたタームを並べただけで、優に一冊のパンフレットになるだろう。また、いつか菅原さんが書いておられたが、皆川さんの大努力で慣例化した「セミナーの記録」は、研究テーマの宝庫である。一人では作れない財産を手に入れさせてもらったわけだ。

私たちは、大学史研究を、次の世代に根づかせよう、などという気恥かしい目標は、例によって持たなかったけれども、若い世代の人たちが、明らかに本腰を入れた研究を発表するようになった。考えてみれば、この10年間私たちのやってきたことは、ちょっとした「移動大学院」でもあったわけである。鎌倉・宮島・鳥羽・大山……とあげて来ると、この大学院も相当な史跡名勝を移動してきたことになる。もっとも、会議室にこもってお喋りばかりしていた私たちは、風光を愛するゆとりもなかったが。

もし若い人達が〝第二次大学史セミナー〟のようなものをやるようだったら、かつてあの人たちがやったように「あのう、私も参加していいでしょうか」と電話して、入れてもらうことにしよう。それとも、妙なおっさんが来たというので、丁重に断られるだろうか。（寺﨑昌男先生終わり）

第三章　第2期

1　事務局の構成

第2期は、四世話人の引退宣言により、東京在住の二十代後半から三十代前半の身分不安定な若い会員（舘昭、田中征男、古屋野素材、安原義仁、荒井克弘、中野実、立川明、池田輝政、阪田蓉子、別府昭郎など）が事務局を引き受け（させられ）て、「会」の衣更を行い、「会費」で運営するようになった時期である。会費での運営は現在まで続いている。第2期の最初セミナーは、冨士セミナー（1978年12月）であった。

会費による運営は、「手弁当でも集まるという精神がバロメーターである」という言葉がますます当て嵌まるような気がする。

若手は身分不安定であったから、この第2期が経過する間に事務局に大きな変化があった。舘昭会員は東京大学博士課程の学生であったが、奈良教育大学へ赴任し、安原義仁会員は国立教育研究所から広島大学教員となり、事務局を離れる事態となった。有力な事務局員が2人も事務局を離れるという非常事態に対応しながら、そしてまたいろいろな問題にぶちあたり、頭を小突かれしながら苦労して、慣れない会の運営にあたらざるを得なかった。とくにひどい中傷は「第1期の財産を食いつぶしている、穀潰しではないか」というキツい批判もあった。事務局としては反論もあったが、第1期から受け継いだ「自由な精神」だけは失わなかった。何も業績もない身分の不安定な助手や院生が引きうけなくてもと思ったことも度々あったが、若い人々の担わない組織には未来は無いと思って、仕方なく引き受けざるを得なかった。

「いろいろな問題にぶちあたり、頭を小突かれながら苦労して、慣れない会の運営にあたらざるをえなかった」と書いたが、次のような基本方針が暗黙の共通理解として事務局員にはあったことも述べておかなければならない。

2　基本方針と会の運営

第2期の事務局は、次の基本方針を持って会の運営にあたった。

①基本的には、第1期の運営方針を引き継ぐ
②第1期のように文部省科研費で会を運営するのはできない相談だから、会費を徴収して、それで会を運営する
③会の運営は学会的とするが、学会にはしない
④代表とか会長とかそれに類する言葉は一切使わない

⑤会員相互の研究・教育・情報交換の機能は「通信」で維持する
⑥運営主体と編集主体は一緒である
⑦『大学史研究通信』を会員相互の通信手段とする
⑧機関誌として『大学史研究』を発刊する

以上のような明確な基本方針の共通理解があった。

共通理解を前提として、具体的には会の運営は以下のようにおこなった。

運営については、第1期に形成された運営原則や良き慣行は、当然のことながら、第2期にも継承された。ただ、会員七七名と第1期と比較してかなり大所帯となってきたので、運営上の「合理化」はさけがたく、いくつか必要な変更をせざるを得なくなってきた。すなわち、会長とか代表を置かないのは従来とまったく変わらないが、会則のない会からごく簡単な会則（といってもとりきめ、約束事程度のもの）を持つ会へ、会費をとらない会から会費（当時年会費二千円だったと思う）をとる会へ、世話人体制から事務局制へというように、若干会の性格が変更された。もちろん、会員全員の同意を得た上のことである。こうした変更は、無定形な性格の組織からいくぶん形を整えた組織への変容を意味していたと言えよう。

以上の如く組織運営上の変更はあったが、会の研究活動の内実それ自体は従来の良き慣行の完全な延長線上にあったと言ってよい。第2期の主な活動は、①研究セミナーの開催、②『大学史研究』の発刊、③例会の開催の三つに集約できるので、この三つのことについて簡単に述べておこう。

研究セミナーは、第2期でも年一回は開かれている。当時若手であった者たちの事務局がになった第一回セミナーは荒井克弘会員の世話で富士山麓の「富士教育研修所」で１９７８年12月8日から３日間開催された。大きな変化は、参加者も相当多くなり、タタミの部屋で、時間無制限に発表し、参加者全員発表というわけにはいかなくなってきたことである。しかし、このセミナーにおいても、口角泡をとばす良き慣行は生き続けていることは言うまでもない。

さらに、この時代に大変顕著になってきていた現象として、各大学の年史編纂事業があった。この現象をふまえて、年史編纂に直接たずさわっている会員大学（東洋大、中央大、上智大、専修大、名古屋大）によって、「大学史編纂における女子学生問題の位置づけ」というアスペクトから資料報告・問題提起が行われたのち、参加者（四〇名）による活発な討論が展開された。このシンポジウムは、純粋な学問研究としての大学史研究と実践的な個別大学史編纂がいかにからむかという問題意識の下に設定されたものである。この問題は、大学史の「研究」と個別大学史の編纂の「実践」という巨大な問題を含んでおり、現代でも、大学改革や個別大学史編纂などとも絡み、問題となり得るであろう。

３『大学史研究』の発刊

第1期に会の雑誌としての『大学史研究通信』が11号まで、「評論社」から出版されている。これは、「アイディアが浮かんだ時、おもしろい資（史）料をみつけた時、気楽に投稿できる」雑誌として作られたものであった。主な内容は、研究セミナーの発表に、討論をふまえて本人が手を入れたものである。本会らしいのは、新入会員は自己紹介をかねて「大学史研究と私」と題して寄稿するならわしは第２期になっても変わりなくつづけられた。

第2期にはいってから、1979年12月に出た『大学史研究』1号は、『通信』と同じく「評論社」から刊行された。83年に3号を出して以来、事務局の怠慢と困難な出版事情ゆえに、中断をよぎなくされている。『大学史研究』は、いわば本会の顔であり、学問的生産を世に問う場であるから、三号雑誌に終らせることなく、何とか活路を見い出そうと、事務局員も悪戦苦闘したのが実情である。一つの可能性として、研究の蓄積は十分あるのだから、それをワープロで打って、自家製本の形で出すことも考えてよいのではないかというアイデアもあった。しかし、このアイデアは採用されなかった。お蔵入りとなった。

『大学史研究』第1号は、当時事務局を担った人々にとっては、思い出深い号である。当時本郷にあった、修学旅行生がよく泊まった安い旅館で泊まり込み合宿までして作った記念碑的な紀要であるからである。合宿してまで知恵をだしあった。

『大学史研究』第1号の執筆者とテーマを紹介しておくことにしよう。それに値すると思うからである。この中には、学会の重鎮となられた方や大学史研究で名をなした方もおられるし、すでに鬼籍に入られた方もおられる。掲載順に示しておこう。

天野郁夫（高等教育の発展段階説と制度類型論）、皆川卓三（ブラジル高等教育の研究―その成立・変遷・改革―）、宮澤康人（アメリカ的大学観の生成―Veysey の著書を中心に―）、有本章（米国における大学教師の任用と昇任）、別府昭郎（16世紀ドイツ大学教師の俸給と教授職）、馬越徹（韓国における大学教員の養成と任用）、二見剛史（『教授』職者の成立経緯―幕末期を中心として―）、舘昭（文部省成立以前の大学―明治初年の大学と教育行政―）、田中征男（近代日本と私学問題についての一試論）、古屋野素材（帝国大学院の誕生をめぐって―明治10年代のエール人脈と森有礼）、中野実（大正期における大学改革研究試論）、佐藤秀夫（書評：寺﨑昌男著『日本における大学自治制度の成立』）。

以上が『大学史研究』第1号の内容である。

4　事務局にたいする批判

事務局としては恥ずかしいことであるが、3号（1983年7月）を出してから4号（1988年5月）まで「大学史研究」を5年間出していない。しかも1986年は1回もセミナーを開催していない。まことに遺憾なことと筆者も深く反省している。「僕等の上の世代が引きうけるうべきではないか」、「言いたいこと言いやがって」と思ったことも再三ではなかった。

しかし、1987年には、前年の埋め合わせであろうか、セミナーを同年1月と12月の年2回開催している。他人事ではなく、うまく運営できなかったことは、反省の二字しかない。

こういうところから、先に挙げた批判が出てくる理由の根拠がないとは言えない。反省の上で、「大学史研究」第4号では大きく発行方針を変えて発刊している。横尾先生が「『大学史研究会』ルネッサンス」と言われたのが印象的であった。

他方、『大学史研究』は、『大学史研究通信』よりも内容が固く、学術論文調のものが重々しく並んでいるので、気楽に投稿できないという意見も強くあった。これは、会の衣更をしたとき、事務局が意識的に学会の紀要レベルをめざしたこともあって、ある意味では仕方のないことであった。しかしこうした短所を補う為に、会員が気軽に投稿できて、かつ、事務局からのお知らせをも掲載した「大学史研究通信」を、全会員に発信している。

これは、創設者の一人横尾壮英先生から、「『大学史研究』というパテントと同時に『大学史研究通信』というパテントも取っておく」というアイデアが出され、そのアイデアがよい考えとして事務局も賛成した。このやり方は、21世紀の現在も続けられている。

なお、『大学史研究』も軌道にのり、投稿・執筆要項を作る必要がでてきた。第8号で「投稿・執筆要領」を掲載している。これは、坂本辰朗会員の努力によるものが大きい。

研究セミナーが年一回か二回開催される大会であるとすれば、例会は、話題提供者さえいれば年に何回でも開かれる小セミナーである（これも現在も続けられている）。場所は東京が中心になってしまうが、出張ついでに参加する会員も居るので、全会員に日時・場所・発表者・テーマは通知されることになっている。

5　事務局の悩み

第2期の事務局がかかえていたさまざまな問題にも触れておこう。

本会がまったく問題を抱えていなかったというと、実はそうではなかった。じつは事務局は多くの問題を抱えていたのである。

以下に述べる問題点は、大学史研究会に限らず、一定の歴史的蓄積があり、会員数が増加した組織ならば、多かれ少なかれ抱えている問題であるといえるかもしれない。

まず、組織の運営にかんする悩みから。会費を徴収するようになり、また大学史を研究する人も増え、社会的に認知されるにしたがって、会員数も増大してきたので、会費で運営するようになって、手間がかかるようになった。これは社会に認知された組織の宿命と言えるだろう。

次いで、何も仲たがいとか対立ということではないが、新入会員と創設期からの会員との基礎経験のちがいからくる意識の乖離をいかにうまくバランスをとって「会」を運営してゆくのか。

第３番目の悩み。「研究会」の研究活動の内容にかかわる大きな問題として、研究セミナーでのシンポジウムや統一テーマをいかに設定して新しい機軸を打出していけばいいか。すべての会員がしっくりと納得し、かつ、学問的にも価値あるテーマの設定は非常に難かしい問題と言わなければならない。

これらの問題は第２期を担った事務局全員の課題でもあった。

これらの悩みの原因は、大学という研究対象の複雑多岐性、各会員が出発点として持っている学問観・価値観の相違などいくつか考えられよう。この問題は、大学史の研究に携わる各研究者が直面する問題であり、各自が解決するより手はないのかも知れない。しかし、舘会員が言った「合宿しているわれわれが、この難問を考え、一番得をしているのかも知れない」という言葉は、筆者の耳朶にいまだに残っている印象的な言葉だった。

考えてみると、わが国の近代的大学制度は一〇〇年以上の歴史を持つに至り、年史編纂事業を計画・実施する大学がふえてきた。ここで問題とすべきは、純粋な学問研究としての大学史研究と実践的な個別大学年史編纂とはどのような関係に立つのか。両者はまったく無関係というわけではあるまい。古典的価値を有するヨーロッパの大学通史が、個別大学史叙述の存在を前提として書かれ、また、ラシュドールやデニフレ、カウフマンなどの古典的通史が、個別大学史研究を基盤として書かれているという事実を考えれば、個別大学の年史編纂事業の問題は、一層重要な意味を持ってくると言わなければならない。

なお、当時事務局員であった舘昭会員は、民主教育協会の機関誌『ＩＤＥ・現代の高等』に「新『大学史研究会』」と『大学史研究』の創刊」（№２１２）を発表し、大学および大学史に関心を持つ人々に広く知らしめた。

6 「大学史研究会」をどうするか

第2期の事務局も担当して10年経過し、そろそろ交代の時期が来たと「事務局体制交代の件」を考えるようになった。そこで当時舘会員が勤めていた放送教育開発センター（奈良教育大からに移動してきていた）に事務局員が集まり「１９８９年8月9日の確認事項」なるものを作った。それを、参考までに、そのまま紹介しておこう。

出席者：舘、古屋野、荒井、安原、別府

（1）事務局体制の件

①会存続の努力をしてみる

②現事務局員は皆退陣する
③事務局交代のルールを確立する
④「大学史研究」は６号までは現事務局で責任をもって作る

（２）寺﨑、横尾両会員との会談の報告
①会存続の努力をしてみる価値はある
②衣替えのために、現事務局と横尾、中山、皆川、寺﨑の４先生と予備会談を持つ（原案作りをする）。その前に、現事務局会議を持つ
③今年のセミナーの場で決定する
④事務局を２・３年ごと、各地区ごとに持回りにする（九州、広島、関西、名古屋、関東）
⑤地区事務局の仕事
セミナーの開催
会費の徴収
機関誌『大学史研究』の編集・発刊
事務局通信の作製・発送
名簿の管理
その他、会の維持・運営にかかわること

（３）今後の手順
①事務局会議での決定

②1989年度のセミナーのお知らせの発送とともに事務局体制が変わることを知らせる
③セミナーにおける総会で決定
④各地区の会員との交渉
⑤事務引継

となる。

しかし、事務局を2－3年ごとに各地区ごとに持回りにするという案は、検討されただけで総会にはかけられなかった。

結局、「大学史研究会の存在理由」を説いて、創価大学の坂本辰朗会員に事務局を引き受けて貰った。坂本辰朗会員については特別な思い出がある。1985年の秋ごろだったと記憶するが、当時国立教育研究所（現国立教育政策研究所）におられた横尾壮英先生が『ヨーロッパ大学都市への旅』（リクルート出版1985年。この本は、誤植と一部の字句を修正して「朝日選書」として『中世大学都市への旅』と改題し、1992年に出版された）を書かれた。その本の読書会が当時の国立教育研究所で開かれた。坂本会員はコメンテーターとして、鋭い指摘をした。敬意をはらいいつつも、もの怖じしなかった。

7　事務局引き継ぎ

この間の事情を少し詳しく述べると、大学史研究会の存在理由として、ここ10年、会費を徴収して運営してきた半ば学会的組織形態をとっていること、現代の大学問題に関心を持つ者と大学史に関心を持つ者とを統合した組織であること、社会的に存在を認知されていること、旧大学史研究会・現大学史研究会を合わせての20年の重みを持っていること、会員相互を教育する機能と会員相互の情報交換（研究）の機能の双方を持っていること、などを強調し、「滅びの美学」とか「こういう研究会がなくなると困るだろう」と脅迫的言動でせまったのである。創価大学の坂本辰朗会員自身も、「こういう研究会がなくなることは、僕の研究からいって、非常に困る」と言って最終的には引き受けてくれたのである。

8　第２期セミナーの開催日時と場所

第２期の研究会（セミナー）開催日時と場所、テーマ、シンポジウム等を掲げておこう。

①１９７８年12月８、９、10日富士教育研修所パネルディスカッション「大学教員のリクールトメント」
②１９８０年12月７、８、９日金沢セミナーシンポジウム「大学間格差と大学の個性をめぐって」
③１９８０年11月28、29、30日奈良セミナー御蓋荘（高畑町）シンポジウム「大学史における保守と革新」
④１９８１年11月27、28、29日別府セミナー（共済組合二豊閣）ゆるい統一テーマ「歴史におけるＯ・Ｄ（オーバードクター）」
⑤１９８２年11月27、28、29日磐梯セミナー（民宿桧原荘）ゆるい統一テーマ「〝大学改革〟理解をめぐって」
⑥１９８３年11月26、27日東京セミナー（共済組合本郷会館）シンポジウム「個別大学史編集と大学史研究」

⑦１９８４年12月１、２日嵐山セミナー（国立婦人会館）シンポジウム「都市と大学」
⑧１９８５年12月７日東京セミナー（国際文化会館）シンポジウム「女子の高等教育に関する歴史的諸問題」
⑨１９８７年１月10日東京セミナー（明治大学）シンポジウム「年史写真集・図録類の研究資料的価値」
⑩１９８７年11月５、６日河口湖セミナー（共済組合富士桜荘）ゆるい統一テーマ「大学危機の歴史的検証」

9　四校での写真

参考までに、金沢大会での写真と当時若手であった筆者の紹介文を掲げておこう（撮影者不明）。

まず、写真から。実を言うと、デジカメもスマホもない時代であるから、「大学史研究会」

の写真は余り残っていない。この写真の場所は、「旧第四高等学校跡」である。四校は、北条時敬が初代校長で、哲学者の西田幾多郎が『善の研究』の構想を練った所でもある。当時金沢大学に勤務していた山内芳文会員の世話によって開催できた。写真に写る人たちを説明すると、後ろ右から古屋野素材、田中征男、羽田貴史、別府昭郎、石部雅亮先生、安原義仁、立川明、前列右から新谷恭明、仙波克也、中野実、阪田蓉子、寺﨑昌男先生となる。

10　若手の回想

次いで、紹介文。以下の小文は、『大学史研究会の歩みと現状』と題して、筆者が『日本教育史研究』（第五号　一九八六．七　所収）に書いたものである。当時事務局を引きうけていたので、依頼がきたものと思う。若書き（当時四十一歳であった）であるが、「大学史研究会」の生い立ちと雰囲気は伝えていると思う。寺﨑先生から筆者の思い違いを指摘されたことは、深く思い出に残っている。もちろん本書では訂正されている。

ただ、注意していただきたいことは、この時期の時代区分が本書と異なっていることである。すなわち、拙文で「第一期」とよんでいるのは、本書では「準備期」となっている。

一　大学史研究会の特性

ことわり

以下に書き記す事柄は、私の個人的体験を基礎とした「大学史研究会」論である。したがって、個人的なバイアスがかかっており、ひとつひとつの事実の位置づけ・評価に私の価値判断が混在しているかも知れない。「知的誠実さ」を持って書いたつもりであるが、同じ事実でも、ほかの会員が書けば、また異なった位置づけがあろうし、本会の他の側面が浮び上ってこよう。（文中敬称略）。

本会は、大学史・高等教育の研究が好きで好きでたまらない人々によって構成される、学際的クラブである。個々の会員のよってたつ専攻学問領域は、西洋史、日本史、科学史、工学、農学、法学、図書館学、教育学というように実にバラエティに富んでいる。会の運営や研究会の開催の仕方も、後述するように、非常に個性的な伝統を持っている。すべての会員が義理や人情にかられて入会したのではなく、自ら求めるところがあって、完全な自由意志で入会しているので、本会の研究セミナーは活気にあふれ、口角泡をとばす議論が活発に行われる。

このような活力あふれる組織は、個別の学問を前提としている既成の、確立された学会よりもすぐれた学問的生産力と教育力を持っているのではないか。このことは私の体験を通しても、ほぼ断言できそうである。本会が設立されたとき、大学院で学んでいた私には、確立された制度としての大学院よりも、いまだ創成期にあって、無定形（アモルフ）ではあるが、活力に満ちた本会の方が、「インター大学院」として本当にありがたい存在であったし、現在もまたそうである。こうした実感は、私一人だけでなく、現在事務局を担当している三〇代後半の世代に共通した認識と言ってよい。いや、すべての会員が、本会において、それぞれに自己形成をしたのではないか。

二　本会の生い立ち

正規の学会でもないのに長年続いている本会は、どのような経緯で作られ、今日に至っているのであろうか。私見によれば、三つの画期を経て現在に至っている。

第一期は準備期・揺籃期とでも言うべき期間で、横尾壮英（当時広島大、現国立教育研究所）と中山茂（東大）が出会い、大学に関心を持つ「研究者の場をしつらえよう」ということで合意し、寺﨑昌男（当時野間教育研究所、現東大）をさそい、寺﨑を代表者にして文部省総合科学研究費を申請し獲得した。その後、皆川卓三（神奈川県立衛生短大）を誘い、第一回鎌倉セミナーが、一九六八年一〇月二六、二七の両日、鎌倉の若宮荘で開催された。参加者は一八名。シンポジウムのテーマは「大学史研究の方法」であった。これが、「大学史研究会」の発足であるとみなしていいだろう。この時期を第一期と言えるだろう。

横尾・中山の共通認識は「学問をやるのに出身校だとか学閥などにわずらわされるのは御免である。……手弁当でも集まるという精神がバロメーターである」というのであった。

第二期は、鎌倉セミナーの開催から一九七七年六月の和歌の浦セミナー（和歌山）の開催に至るまで。会は、この時期までは、のちに四人組と愛称（？）された横尾・中山・皆川・寺﨑が世話人となって運営されていた。世話人の学問的蓄積・智恵・行動力・人間関係を原動力として、既成の学会の常識からすれば、全く型破りで大胆かつユニークな試みがいくつもなされたのであった。とりわけこうした試みは研究セミナー（年一回か二回開かれる勉強会）の開催方式に端的に示されているので、それを箇条書風にまとめてみると次のようになろう。

①風光明媚な所で最低一泊二日合宿形式で勉強会を開き、時間を区切らずに徹底的に討論する。②リラックスした気分で、ときにはねころんで討論できるように、タタミの部屋を選ぶ。③会員全員が関心を持ちうるようなシンポジュウムや「ゆるい統一テーマ」を設定し、参加者全員が発表する。④発表の途中で質問したり、意見を言ったりできる。⑤発表者の意図や内容を超えて話が展開してゆくのをむしろ歓迎する。

このような工夫がなされているので、どんな初歩的な質問でも恥をかかずにすることができた。年輩の会員も、大家とか権威者とかカリスマ的存在から最も遠い人たちであったから、若手の発表に判定を下したり、講評を加えたりする、既成の学会にまま見られるあの奇習があろうはずがなかった。これで議論が沸騰しないのが不思議である。この種の試みは、既成の学会の在り方に重大な一石を投じたものと言えよう。

このようにして会の基礎が固められ、多くの良き慣行が定着し、学者の世界においても社会的にも本会はその存在を認められて、市民権を獲得していったのであった。社会的に認知されるにつれて、その構成メンバーも学際的な広がりをみせたことは言うまでもない。

本会の第二期は、会の設立から一〇年が経過し、四人の世話人が「世話人＝科研費方式によるこれまでのセミナー運営方式がもう限界にきて」おり、「人間の時間や体力には一定の限界があるから、何か新しいことをはじめるには、古いことを一つやめねばならない」（中山）という認識の下に、会の世話・運営から退いた（退会したのではない）ことによって、幕をとじた。

第三期は、四世話人の引退により、東京在住の二十代後半から三十代前半の若い会員（舘昭、田中征男、古屋野素材、阪田蓉子、安原義仁、荒井克弘、中野実、別府昭郎）が事務局を引き受け（させられ）て、会の衣更を行った上で開催された富士セミナー（１９７８年12月）から現在に至るまで。

右に述べた本会の生い立ちは、創設状況を知悉している大部分の会員の同意を得られるのではあるまいか。

三　現在の運営・活動状況

（1）運営：第二期に形成された運営原則や良き慣行は、当然のことながら、現在に継承されている。ただ、現在会員七七名とかつてに比較してかなり大所帯となったので、運営上の「合理化」はさけがたく、いくつか必要な変更をせざるを得なかった。すなわち、会長とか代表を置かないのは従来と全く変わらないが、会則のない会からごく簡単な会則（といってもとりきめ、約束事程度のもの）を持つ会へ、会費をとらない会から会費（年二千円）をとる会へ、世話人制から事務局制へというように、若干会の性格が変更された。もちろん、会員全員の同意を得た上のことである。こうした変更は、無定形な性格の組織からいくぶん形を整えた組織への変容を意味していたと言えよう。

（2）活動：組織運営上の変更はあったが、会の研究活動の内実それ自体は従来の良き慣行の完全な延長線上にあると言ってよい。現在の主な活動は、①研究セミナーの開催、②『大学史研究』の発刊、③例会の開催の三つに集約できるので、この三つのことについて述べたい。

①研究セミナーは、現在、年一回開かれている。参加者も相当多くなり、タタミの部屋で、時間無制限に、参加者全員というわけにはいかない。最近のセミナーは、昨年一二月七日、六本木の東京文化会館で開かれた。シンポジウムは「女子の高等教育に関する歴史的諸問題」というテーマで行われ、坂本辰朗（創価大）と高橋次義（青学大）が、「大学史研究の視点」から、問題提起を行った。さらに、ここ数年大変顕著になってきている現象として、各大学の年史編纂事業があるが、この現象をふまえて、年史編纂に直接たずさわっている会員（東洋大、中央大、上智大、専修大、名古屋大）によって、「大学史編纂における女子学生問題の位置づけ」というアスペクトから資料報告・問題提起が行われたのち、参加者（四〇名）による活発な討論が展開された。このシンポジウムは、純粋な学問研究と実践としての個別大学年史編纂がいかにからむかという問題意識の下に設定されたものである。夕食後、潮木守一（名古屋大）から、『京都帝国大学の挑戦』出版後日談と題して、本セミナーのフィナーレを飾るのにふさわしい話題の提供があった。このセミナーにおいても、口角泡をとばす良き慣行は生き続けていることは言うまでもない。

②『大学史研究』の発刊

第二期に会の雑誌として『大学史研究通信』が一一号まで、「評論社」から出版されている。これは、「アイディアが浮かんだ時、おもしろい資（史）料をみつけた時、気楽に投稿できる」雑誌として作られたものであった。主な内容は、研究セミナーの発表に、討論をふまえて本人が手を入れたものである。本会らしいのは、新入会員は自己紹介をかねて「大学史研究と私」と題して寄稿するならわしがあったことである。また特筆すべきは、セミナーの討論をテープに録音し、それをおこした「セミナーの記録」が巻末に掲載されていることであろう。これは、今では、「そのときどきの研究会のレベルや関心領域を知る」のに貴重なデータとなっている。テープおこしに「情熱と好奇心」を持って取り組んだのは世話人の一人皆山卓三であった。セミナーの録音は現在も続けられている。

第三期にはいって、1979年に一号の出た『大学史研究』が、『通信』と同じく「評論社」から刊行された。83年に三号を出して以来、困難な出版事情ゆえに、中断を余儀なくされている。『大学史研究』は、いわば本会の顔であり、学問的生産を世に問う場であるから、三号雑誌に終らせることなく、何とか活路を見い出そうと悪戦苦闘しているのが実情である。一つの可能性として、研究の蓄積は十分あるのだから、それをワープロで打って、自家製本の形で出すことも考えてよいのではないかというアイデアも出ている。

他方、『大学史研究』は、『大学史研究通信』よりも内容が固く、学術論文調のものが重々しく並んでいるので、気楽に投稿できないという感想もないではない。これは、会の衣更をしたとき、事務局が意識的に学会の紀要レベルをめざしたこともあって、ある意味では仕方のないことであろう。こうした短所を補う為に、会員が気軽に投稿できて、かつ、事務局からのお知らせをも掲載した「事務局通信」を、全会員に発信している。

③例会：研究セミナーが年一回開催される大会であるとすれば、例会は、話題提供者さえいれば年に

何回でも開かれる小セミナーである。場所は東京が中心であるが、出張ついでに参加する会員も居るので、全会員に日時・場所・発表者・テーマは通知される。ちなみに、次の例会は、本年二月に予定されており、話題は横尾壮英の近著『ヨーロッパ大学都市への旅』（1985年、リクルート）である。

四　現在かかえているいくつかの問題

本会は第1回セミナーから計算すると18年の星霜を重ねるに至っている。本会が全く問題を抱えていないかというと、実はそうではない。以下の問題点は、本会に限らず、一定の歴史的蓄積があり、会員数が増加した組織ならば、多かれ少なかれ抱えている問題であろう。

①会費を徴収するようになり、また会員数も増大したので、維持運営のための手数が少人数のときとは比較にならない程に多くなっていること。これは社会的に認知された組織の宿命なのかも知れないが。

②何も仲たがいとか対立ということではなしに、新入会員と創設期からの会員との基礎体験の相違からくる意識のズレをいかにうまく融合させてゆくか。

③会の研究活動の内実にかかわる問題として、研究セミナーでのシンポジウムや統一テーマをいかに設定して新機軸を打出していくか。すべての会員がしっくりと納得し、かつ、学問的にも価値あるテーマの設定は非常に難かしい。この困難さの原因は、大学という研究対象の複雑多岐性、各会員が出発点として持っている学問の相違などいくつか考えられよう。事務局の知恵のなさと言われれば一言もないが。

④我が国の近代的大学制度は一〇〇年以上の歴史を持つに至り、年史編纂事業を計画・実施する大学がふえてきた。ここで問題とすべきは、純粋な学問研究としての大学史研究と実践的な個別大学年史編纂とはどのような関係に立つのか。両者はまったく無関係というわけではあるまい。古典的価値を有するヨーロッパの大学通史が、個別大学史叙述の存在を前提として書かれ、また、新たな個別大学史研究が古典的通史を基盤として書かれるという事実を考えれば、この問題は一層重要な意味を持ってくるように思われる。

ともあれ、本会の初期メンバーの努力と知恵に学びつつ、そしてまた良き慣行・伝統・精神的雰囲気を継承しつつ、本会の会員になってよかったと全員が感じるような要素を一つでも付加できれば、というのが現在事務局を担当している私たちの願いである。

以上、私見を書きつらねてきたが、何かの役に立てば幸いである。

（1986年1月記）

第四章　第3期

1　編集委員会と事務局との二頭立て

第3期とは、すでに述べたが、「運営」と機関誌『大学史研究』の編集とを分けて運営する時代である。これを大学史研究会の組織改革と言ってもいいかも知れない。すなわち、２００２年11月15日発行の『大学史研究』第18号から分離し、事務局担当：進藤修一会員、編集担当責任者：別府昭郎会員となり、事務局から吉村日出東会員が紀要担当として、発足したのである。

会としても、創設メンバーが亡くなるということは初めての経験であったので、当初はどうしたらよいのかと戸惑いもあった。追悼号を出すことに反対の人も居たことも事実である。結局、追悼号を刊行して、創設メンバーである横尾先生の会の運営努力や大学史上の業績を偲ぶことは、会として大切なことではないかとの判断に立つことになった。

そこで、事務局と編集委員会の分離は、２００１年、広島大学で開催された総会で承認され、『大学史研究通信』第31号で、全会員に告知があった。

二頭体制とは、事務局は会計、連絡、研究通信の発行、研究会の開催など研究会の運営を担当し、編集委員会は投稿論文のレフリー体制や編集体制を確立し、『大学史研究』の編集・発刊を担当するというシステムを言う。このシステムは、現在まで続いている。

2　最初の編集委員会

最初の「大学史研究編集委員会」は、以下の会員で構成されていた。

編集委員長　別府昭郎（明治大学）

堀内達夫（大阪市立大学）

渡辺かよ子（愛知淑徳大学）

折田悦郎（九州大学）

第１回編集委員会の議事録がのこっているので、それをそのまま示しておこう。

「第１回編集委員会が、２００２年６月22日14時から、明治大学研究棟第３会議室で開催されました。出席者は、前号の「大学史研究通信」でお知らせしました編集委員の全員でした。堀内達夫（大阪市立大学）、渡辺かよ子（愛知淑徳大学）、折田悦郎（九州大学）、別府昭郎（明治大学）の４名です。事務局から、紀要担当の吉村日出東が、記録のために出席しました。

主要な議題は、

（1）次号以降の『大学史研究』の発行について

（2）編集委員会の役割について

（3）編集委員会の任期について

（4）編集委員会委員長の選任について

でした。

議論の結果、以下の簡単な「申し合わせ」をしました。

1、紀要「大学史研究」を編集するため、「編集委員会」をおく。

2、委員の数は、5ないし6名程度とする。

3、編集委員会は、紀要「大学史研究」の編集・発行について、全ての責任をおう。

4、編集委員会の任期は2年とし、再任を妨げない。

5、委員長の選任は、委員の互選による。

6、編集委員会の委員に交代の必要が生じたばあいには、現任委員が後任委員を推薦し、総会で決定する。

「申し会わせ」の内容は以上です。これに基づき、次の事項を決めました。

1、紀要「大学史研究」18号は、本会の創設者の一人故横尾壮英会員の追悼号とする。執筆については、故横尾壮英会員をよく知る会員にお願いする。自主的な投稿も歓迎する。

2、現在募集中の「大学史研究」執筆申し込み者の原稿は、19号に掲載する。19号は、２００３年3月20日までに発行する。

3、編集委員長は、別府昭郎会員（明治大学）とする。

4、原稿の送付先は、事務局の吉村日出東会員とする。」（引用おわり）

以上が、第１回編集会議の議事録である。

投稿・執筆要領は、以前の号から引き継いでいるが、ある会員から、掲載する論文はどのような基準で選ばれているのかという質問がきた。投稿する会員としては、当然の疑問であると言わなければなるまい。編集委員会の返事は、細かいことは書き切れないが、要点のみを記すと、募集要項が守られていることは当然の前提として、編集委員が査読する大枠の視点は、以下の通りであると『大学史研究』の「編集後記」で答えている。

１　先行研究をふまえ、新しい知見や思想、事実を提供しえているか。
２　全体の構成が、論理的にしっかりとなされているかどうか。
３　結論や叙述に独断はないか。研究史に照らして、正しいか。
４　明晰で、分かりやすい日本語でかかれているか。誤解を生む表現はないか。
５　注は、学会で通用するように、つけられているか。

これらの事柄は、大学院時代にしっかりと指導教授から訓練を受ける事項だと思う。しかし、これらの基本的な事項が必ずしも守られていない論文が散見されたのも事実であった。

３　投稿・執筆要領の制定

また、投稿がバラバラであっては困るので、「『大学史研究』投稿・執筆要領」なるものを作成し、発表した。これは、坂本辰朗会員の作成した要綱を参考にしたものである。参考にしたと言っても、90％

は同じものである。以下その内容である。

1．『大学史研究』への会員の投稿を歓迎します。

2．和文原稿は20－30枚（400字詰換算）の分量を標準とし，英文題名と英文著者名を記した別紙を添付するものとします。和文でない原稿も同様の分量（刷上り6－9頁）を標準とし、和文題名と和文著者名を記した別紙を添付するものとします。また、読者の便宜のため、充実した和文要旨を添付することをお勧めします。

3．パソコン、ワープロを利用できる方は下記要領で原稿を作成して、フロッピーと印刷出力をお送りください。事務局で一括して印刷しなおして版下を作成します。フロッピーは返却します。手書きの方も、できるだけパソコン、ワープロ原稿に変換してお送りいただければ、編集委員会としては助かります。不可能な場合には、ご相談ください。

（1）ワードまたは一太郎で作成したファイルのフロッピーを希望します。それが難しい場合は，適宜な形式で保存したフロッピーをお送りくだされば事務局で変換をこころみます。

（2）用紙はA４を縦に使用して横書き，字詰めは自由ですが，おおむね40字35行とします（刷り上がりがそうなるとは限りません）。

（3）第1頁の最初の5行ほどに表題と著者名（カッコ内に所属機関と部局名）を書き、1頁目にかぎり本文は6行目から書きます。

（4）図表は別紙とし、本文の挿入個所に図表をレイアウトする空白をあけます。図表はそのまま製版します。

（５）章、節の番号は大きい方から順に、Ⅰ．Ⅱ．Ⅲ．、１．２．３．、（１）（２）（３）・……、とします。
（６）使用する文字種は、全角の漢字かな英数字、半角の英数字、注番号に使う上付き数字などとします。英数字は、１文字（１桁）の場合は全角文字、２文字（２桁）以上連続する場合は半角文字を原則とします。外字の使用は控えてください。
（７）注と文献表は論文の末尾につけます。注番号は上付き数字の1)2)3)……・とします。
邦語文献は、書名、雑誌名を『』、論文名を「」でくくります。
外国語文献の書名、雑誌名は、斜字にしてください。
斜字にできないときは、印刷出力にイタリックの指示をしてください。
4．原稿は、常時受け付けています。
5．原稿送付、お問合せは、『大学史研究』編集委員会担当（２００２年現在）まで：
〒１０１－８３０１
東京都千代田区神田駿河台１の１
明治大学研究棟５２７
大学史研究会

4　最初の仕事

編集委員会最初の仕事は、すでに書いたように、『大学史研究』第18号を作ることであった。「会」の創立者横尾壮英先生が亡くなり、その追悼号を作ることになった。横尾先生（会員）と一緒に「大学史研究会」を組織され、運営に当たられてきた皆川卓三先生、中山茂先生、寺﨑昌男先生という先生方（四人組と呼ばれていた）、大学史研究会を通じて親交を結ばれた方々、制度的にあるいは個人的に大学史について直接教えを受けられた方々、現在大学史研究会の運営に当たっておられる方々に、出身大学を問わず、年齢を問わず、直接謦咳に接したか否かを問わず、原稿を寄せて頂くことにした。

なお、第18号に予定していた応募原稿は、審査の上、第19号以降に掲載されることになった。20号においては、ゆるい統一テーマとして《大学史における公と私》が組まれている。当然「ゆるい統一テーマ」にとらわれなくてもいいわけである。事実、とらわれない投稿があったことも付け加えておかなければならない。

5　後進の育成

編集していて非常に困るのは、「掲載しようかアドバイスを記して返すか」と迷う投稿である。そのばあい、筆者は、集まれる会員や編集委員の前で発表してもらうことに決めていた。これには反発もないではなかったが、悪いことをしているわけではないので続けることにした。

この後進育成の事情を吉村日出東会員は、「別府が大学史研究会の編集委員長として紀要審査をしていたとき、掲載不可レベルの論文があったのだが、投稿者が大学院生でもあり、もう少し指導していけば掲載させられると判断し、当人を個人的研究会に招待して研究発表の場を提供したことがあった。ところがその院生は、無理やり呼びだされた上、厳しい批判で恥をかかされたと捉え、別府と距離を置くようになったのである」と記し、「資料を厳密に読みこむために厳しい指摘をしていくという指導法が受け入れられなくなり始めたのである」と院生の心理的状況を説明している（『尚志の士魂～紫紺に映えて』310～311頁）。とは言え、ヘドを吐くような「厳しい訓練」が不可欠なことは、野球、ラグビー、サッカー、バレー、バスケットなどのスポーツの世界も学問の世界も同じことである。とくに若い研究者には、生きていくのが厭になるような「厳しい思考訓練」が不可欠であろう。これは、筆者の経験から得た信条となっている。

6　編集委員の加入と編集委員長の交替

そして編集委員に児玉善仁会員をむかえた。理由としては、外国研究の投稿が増え、それらの査読のための増員である。

第21号では、第20号に引き続き、「大学史研究における公と私」を継続したらどうかとか、そのために、第20号掲載の特集論文をたたき台として、「公と私」についてのシンポジウムを例会で開催したらどうか、との意見があった。

「公と私」の問題をドイツ大学にかぎれば、ヤスパースは以下のように表現している。これはここで指摘するに留めておきたい。

「大学は、自治団体として創設され、法王や国家の創設文書によって、権限を授与され、独自の財産とりわけ基本財産を付与されていた。

この自治団体の自己運営という理念は、この歴史に由来するものである。大学は、みずからその組織を構成し、その成員を選択し、その教育を構成し、今日博士学位として残っている学位を授与する。

しかし、大学は、公法上の団体（Körperschaft öffentlichen Rechts）として、国家の意思・保護・援助によって存立する。大学は二つの顔をもっている。すなわち、国家のほうを向いた顔と国家から自由な顔である。大学の理念にしたがって、大学は自分自身で定款をつくり、それにしたがって運営する。大学は、大学を承認している国家に、この二つの顔をみせている。

大学の自己運営は、教授たちが担っている。教授は、まず第一に、団体の成員なのであって、国家官吏ではない」と。

「大学史研究会」にとって記念すべきことは、寺﨑先生の骨折りによって「日本図書センター」から『大学史研究通信』が復刻されたことである。その印税は、すべて「大学史研究会」に寄付すると寺﨑先生は言っておられる。

別府会員は編集委員長として、第20号まで編集し、その後児玉会員へとバトンタッチした。児玉編集委員長のもとで、『大学史研究』は第23号（２０１３年12月25日発行）から「東信堂」となった。

第五章　総括的考察

最後に「大学史研究会」について、総括的に考察をおこなっておきたいが、「総括的考察」と言うよりも筆者の「雑感」と言った方がより正しいかも知れない。

雑感とは言え、結局「大学史研究会」とはなんだったのかを問うことにもなるが、認識論的に言えば、このばあいにも「観点」が大切になってくる。学問すべからくどういう観点から見ているかがが重要なのである。ところが「観点」は主観的なものである。したがってこれからの話は、問題の設定もふくめて、筆者の主観的な議論になるであろう。このことをあらかじめ断っておきたい。

1　大学史が学問の世界で市民権を得たのはいつか

「大学史研究会」が大学史が学問の世界と市民権を得るのに果たした役割は否定すべくもない。むしろ大きいと言うべきである。

寺﨑先生は、「科学史の専門家から『学問上のある分野が確立したということは、学者がその分野で食べていけるようになったということです』という話を聞いたことがある。」と書いておられる（『大学ことである。

「大学史」が学問の世界で「市民権」を得るということは、俗ぽっく言えば、「メシが食える」ということである。

「科学史」という教授職（講座）はあるが、まだ「大学史」という教授職（講座）はない。教授職（講座）はないが、講義はある。教授職を作るというのは、大学行政の話であって、学問の世界の話しではない。行政でいけば、「大学史」は市民権を得ていない。にもかかわらず、「大学史」は確立していると考えられている。

それでは、「大学史」はいつ市民権を得たのかと問われると、時期を確定するのはむずかしい。いつ確立したのか意見は、いくつかある。

第1の考え方として、たいていの「大学史」研究者は、担当授業科目のなかで「大学史」あるいは「大学論」と銘うって授業し、論文を学内外に発表する時という説である。授業することに対して他の教師も事務員も誰も文句を言わない。こうして「大学史」を講じ、論文を書いていく。こういう考え方が第1。

次の意見として、当時の文部省が、いくつかの大学に「大学教育研究センター」の設置を認めた時という意見がある。広島大学では、横尾壮英先生が、初代センター長になった。客員研究員は寺﨑昌男先生であった。しかし、これは大学行政の話である。

第3の意見として、文部科学省が「自大学史の講義に単位を付与すること」を認めた時という説がある。しかし、この意見は文部行政的に「単位とすること」を認めたにすぎないのであって、厳密に言えば、これも「学問の世界」の話ではない。

だから、論理的に言えば、「大学史」あるいは「大学論」と銘うって授業をし、論文を書き、それらの論文が昇進の条件として1本あるいは数本にカウントされたとき、市民権を認められたと言える。筆者のばあい、「大学史」の論文だけで教授に昇進した。ただし教職課程だから、「大学史」の授業はできなかった。できたのは大学院を持ったときであった。大学教師たる者、論文だけで昇進すべきで、その他の方法での昇進はすべて邪道と思う。

2　大学や学問の日本への導入

(1) 大学の導入

日本は、19世紀の末に大学を導入した。そのとき翻訳にあてたのが漢語である。話語ではしまりが悪く、伝達のスピードも遅い。universitas は大学（大学は律令制にもあった）に、facultas は学部に、senatus は評議会に、professor は教授に、studium は研究とか学習に、doctor は博士（博士は律令制では文章博士があった）に、などと漢語を使って、西洋の大学のシステムを理解し、導入したのである。現在使われている「助教」という名称も、じつは律令制にある。官僚や政治家は、昔の日本で使われた名称をできるだけ使いたがるように思える。

先にも言ったように、日本は19世紀の終わりにヨーロッパに「大学」なるものがあることを知り、それを導入した。大学は学問の組織体である。学問は歴史的・地理的条件に縛られた「知の形式」である。

日本は、歴史的・地理的条件に縛られた、十九世紀ヨーロッパの「知の形式」(学問)を導入したのである。日本の学問が、行き当たりのないタコツボ型と言われる由縁にほかならない(丸山眞男著『日本の思想』改版144頁)。

木田元氏は、西洋の文化圏を「特殊」なものと見ている(『反哲学入門』参照)。特殊な文化圏でうまれた大学が、キリスト教文化圏のみならず、仏教文化圏、イスラム教文化圏、その他の宗教文化圏にはいっていく「したたかさ」を持っている。現在では、資本主義国であろうと共産主義であろうと「普遍的」存在になっている。

とすれば、大学にかんして、「『特殊』から『普遍』へ」という定式化が成り立つであろう。

(2)学問の導入

学問の話になるが、日本が大学を導入したときの「明治の知識人」は和漢洋をこなしたと言われている。日本に伝統的な「信ずる」学問から西洋的な「考える」学問あるいは「疑う」学問に転換したのだから、葛藤・軋轢、とまどいはなかったのだろうか、そういう疑問が湧いてくる。

というのは、荻生徂徠が『經子史要覧』に「古ノ学問トハ先聖孔子ニ道ヲ学フヲ云フナリ。」、「学問ノ道ハ、聖人ヲ信ズルが第一義ナリ。聖人ノ知ハ大ニ仁ハ至レリ。ソノウエ思慮モ深遠ナリ。」と書いており、他方、近代学問の原形となったデカルトは、"cogito, ergo sum"(われ思う、故にわれあり)を第一原理として、「考えること」あるいは「疑うこと」ことを提唱している。

「信ずる」学問から「考えること」・「疑うこと」学問への転換は、学問観の大転換だと思うが、西洋の学問を導入するとき、大学の担い手たる知識人には、とまどいや葛藤はなかったのだろうか。伝統的な学問と新しく導入された学問との間のとまどいや葛藤はなかったのだろうか。

自分で発したこの問いへの答えを見つけるために、夏目漱石、森鷗外、福澤諭吉、山路愛山などの明治の先進的な知識人を読んでみた。

夏目漱石は、妻鏡子宛てのロンドンからの手紙に、「学問は知識を増す丈の道具ではない性を矯めて真の大丈夫になるのが大主眼である」と書いている。

森鷗外も、漱石同様、和漢洋に通じていた。ドイツ留学から帰国そうそうに書いた『柵草紙の本領を論ず』（1889年、明治22年）にはその答えがあるかも知れないと思って期待して読んでみた。「西学の東漸するや、初その物を伝えてその心を伝えず。学は、則格物窮理、術は、則方技兵法、世を挙げて西人の機智の民たるうを知りて、その徳義の民たるを知らず。況やその風雅の民たるをや。」（西洋の文明や学問が東洋の方はいってくると、初めは物だけを伝えて、心を伝えなかった。学問と言えば実用的な自然科学、技術といえば医術・戦術で、世の中全体が西洋人が機知の人たちあることだけを見て、徳義を持った人たちであるとは知らなかった。まして、風雅を解する人たちであるとは全く理解しなかった）とあって、期待外れであった。また、49歳（1911年、明治44年）で書いた『妄想』のなかで「自然科学のうちで最も自然科らしい医学していて、exact な学問ということを性命にしているのに、なんとなく心の飢えを感じて来る。生というものを考える。」と、M・ヴェバーの学問論を思わせる言をはいている。

鷗外、漱石の両大知識人とも、学問観の転換に悩んだ形跡は見られなかった。

しかし、そのものズバリではなかったが、筆者の問いに一番近い答えだったのは、教育や出版事業に携わった福澤諭吉であった。

福澤諭吉は、有名な『学問のすゝめ』第二編（明治6年11月）の冒頭に、「学問と広き言葉にて、無形の学問もあり、有形の学問もあり。心学、神学、地学等は形なき学問なり。天文、地理、窮理、化学等は形ある学問なり。何れにても皆知識見聞を広くして、物事の道理を弁え、人たる者の職分を知ることなり。」と、「物事の道理」をわきまえることが、人間の職分であると強調している。「道理をわきまえること」こそ考えることではないか。「文字を読むことのみを知って物事の道理を弁えざる者は、これを学者と言うべからず」とさえ言っている。

さらに福澤は、「マインドの騒動」（明治七年の馬場辰猪宛手紙）という言葉を使い、旧学問の思考法を「旧習の惑溺」と位置づけ、「掃除破壊」の対象としていたのではないかと思う。というのは、明治七年の集会演説において、福澤自身が、「学問の趣意は、（中略）第一にはなし、次にはものごとを見たりきいたり、次には道理を考へ、其次に書を読むと云ふ」ということを言っているからである。「道理を考える」というのは、まさに西洋の学問ではないか。

手紙とほぼ同じ時期に書かれた『文明論之概略』では、「インテレクト」とは「西洋の語にて」、「事物を考え、事物を解し、事物を合点する働きなり」と言っている。「合点」とは今日余り使わない言葉であるが、「承知」という意味にとっておけばいい。ここでも、「事物を考える」ということが強調されている。

筆者の私淑する丸山眞男は、福澤諭吉の大きな功績の一つとして、「東洋的な道学を産む所の『精神』から近代の数学的物理学を産む所の『精神』」への転換だったと述べている（「福澤における「実学」の転回―福澤諭吉の哲学研究序説」）。

筆者なりの仮説は出来たとしても、安心は出来なかった。そこで、日本大学史研究の第一人者であり、『大学史研究会』の創立者の一人寺﨑昌男先生にきいてみたが、「『信ずる』学問から『考えること』・『疑うこと』学問への転換か、そんな著作も論文も見たことがない。日本の大学史研究は、東京大学が設立されてからの研究だから、そんな問題意識はないのではないか」と言われた。

そもそも学問は、進歩していくものである。大学史の研究も例外ではない。

天文学を例にとると、はじめガレリオ・ガリレイが望遠鏡をはじめて創った。20世紀になって、ハワイやチリの高い山に天文台を設置した。空気のゆらぎがどうしても細かい観察の妨害になったので、大気圏外にハッブル宇宙望遠鏡を打ちあげた。さまざまな、新しい発見があった。その発見が、また、新しい謎・疑問を発生せしめた。それで、ハッブル宇宙望遠鏡より性能のよいジェイムズ・ウェッブ宇宙望遠鏡を、より遠い宇宙に打ちあげた。いくかの謎・疑問は解決されたが、さらに新しい謎・疑問を生んだ。ジェイムズ・ウェッブ宇宙望遠鏡よりも視野の広いナンシー・グレース・ローマン宇宙望遠鏡が準備されているということだ。このようにして、学問は、ステップ・バイ・ステップで進んでいくということである。

「大学史研究会」会員の学問的問題意識の持ち方でも同じことが言えると思う。

第1期では、大学史の方法論、大学とは何か、大学史にかんする文献集、会員の問題関心のありかなどが問題とされた。これらの問題が、論ずるに価する、会員が関心を持ちうる問題だったのである。

大学とは何か、方法論、文献集、問題関心のありかなどは何時の時期でも問題にしていかなければならない根本問題であるが、第2期で主に問題にされたのは、高等教育、大学教員の養成と任用、大学教員の昇進の仕方、大学行政、私立専門学校問題、大学院、「大学の自治」などである。明らかに、第1期の問題意識を下敷きにして、問題領域は広がってきている。これには、会員の問題関心の多様性にも原因はあるのだろうが、学問の深化発展という要因が大きいと考えられる。

第2期の事務局を担った筆者のドイツ大学史研究を例にとって言うと、第1期の重要な問いであった「大学とは何か」という問題を前提にして、学部（Fakultät）構成（ドイツでは19世紀の半ば以降多様化する）、学部はどういう学問領域から成っているか、学生はどういう順序で学んだか、「学位試験」や「大学教授資格試験（Habilitaiton）」はどのように行われたかなどを問題にして、論文や本を書いた。

ところが、筆者より若い世代の研究者になると、ある教授はどういう議論の後で招聘されたか、職位はなにか、何をどういうふうに教えたか、ある教授がすでに在職していた大学（あるいは設立母体）はどういう対応したかなどを問題にして研究している。これらの研究は、従来の問題意識をさらに一段と深化・進化させていると評価していいだろう。

学問観に話を戻すと、筆者は、「信ずる」学問から「考える」学問への転換を、あまり深く反省しない近代西洋学問の上に築かれた「日本の大学・学問とはなにか」と考えこまざるを得なかった。この問いは、大学史研究者の常識からすれば、奇矯きわまりない、しかし筆者に言わせれば、かなり自信のある説なのである。しかし、仮説は仮説のままおいて置くしかないと諦めた。

（3）「大学（史）」と「高等教育（史）」は異なった概念

大学（史）と高等教育（史）は異なっている。広い意味では、大学（史）は高等教育（史）の中に含まれるであろう。大学（史）よりも、高等教育（史）の方が、広い概念ある。しかし、大学（univerusitas）という概念は、高等教育という概念よりも、はるかに古く、ヨーロッパ中世からある。高等教育は、教育制度が整ってきた19世紀以降意識されるようになり、とくに日本では、戦後強く意識されるようになった。

天野郁夫会員は、「日本の『大学史』は、より広く、『高等教育史』の一部として位置づけられ、研究対象とされるとき、より実り多いものになるのではないか」（『大学史研究通信』4号4頁）と書いている。同感である。

筆者とともに事務局を担い、高等教育を研究していた荒井克弘会員も「『大学史研究会』という名称には違和感を感じる。」と言っていた。

しかし、「大学史研究会」は、高等教育や高等教育史を専攻しているメンバーを含みながらも、事実として、もう半世紀以上の歴史を刻んできている。

3　大学史研究の担い手

（1）日本における状況

岩波新書に吉見俊哉氏著『大学とは何か』（第1章は、デニフレやH・ラシュドールなどの原典に当たったのか、疑わしい部分もある。専門家の役にはまったくたたない）の「あとがき」に「この本の著者は、教育学の専門家でも何でもないくせに、云々」と書いているのを読んで、「ニヤリ」とせざるを得なかった。

と言うのは、日本で「大学」を研究し始めたのは、歴史学者であり、教育学者はほとんど皆無だったからである。大学史の研究は教育学者の独占物ではない。草分け的存在であった大類伸氏や大久保利謙氏は歴史学者であり、同じく草分け的存在である石原謙氏は宗教学者であった。戦後でも島田雄次郎氏は、東京大学西洋史の出身である。皇至道が戦前期における教育学者として挙げられる程度である。戦後は、横尾壮英先生や寺﨑昌男先生、佐藤秀夫会員、新堀通也氏、天野郁夫会員、潮木守一会員、麻生誠会員など教育学の専攻者が優れた大学史・大学論の研究を発表した。だから戦後教育を受けた人たちが、「大学」を研究するのは教育学者だとおのずと思っても無理はない。しかし、「大学」の研究は誰にでも開かれているのである。現に、吉野氏の著作に批判はあるけれどもれ、吉見氏自身も「教育学者ではない」と書きつつ、「大学論」を展開しているではないか。

（2）ドイツ語圏における状況

２００９年は、ライプツィヒ大学の創設６００年際にあたっていた。そこでライプツィヒ大学で、日本の「大学史研究会」にあたる「大学史・科学史協会」（"Gesellschaft für Universitäts-Wissenschaftsgeschite"、ＧＵＷ）が開催された。筆者も参加した。それは国際組織である。国際組織といっても、ドイツ、オーストリア、スイスのドイツ語圏の国々である。その成員は、ほとんど全員が歴史学者である。そこにおける大学史研究の担い手は、教育学者ではなく歴史学者である。教育学者はごく少数である。と言うよりも、教育学の領域では、大学のことはまったく問題にならない。この点は、日本とまったく違う。

筆者の個人的話しになるが、研究生活を送ったミュンヘン大学の講座（Lehrstul）名は「教育史と大学史」（"Bildungs- und Universitätsgeschite"）であったが、講座保持者はやはり歴史学者であった。「教育史・大学史」は、歴史学なのである。

その「大学史・科学史協会」（GUW）の研究目的は、「大学・教育・科学を、社会的、文化的システムとして、一体のもの考察しようとしている」と規定できよう。日本とのかかわりで言えば、「教育史学会」が呼ぶ予定であったテノルト氏と一緒に"Geschichte der Universität Unter den Linden 1810–2010"を編集している、筆者の友人ブルッフ（Rüdiger vom Bruch）氏もこの協会の一員である。

「大学史・科学史協会」（GUW）にかんしては、以下のようにまとめられる。

① 大学史を研究するのは、教育学者よりも、圧倒的に歴史学者が多い。

② 研究する視点は明確で、大学・教育・科学を、社会的、文化的システムとして、一体のものとして考察しようとしている。

③ その研究指向性は、歴史を統一的に理解することである。すなわち、とりわけ近世社会および近代社会において大学・教育・科学を前面に押し出してきた変化を、理解できるように努力している。

④ メンバーは、ドイツ、スイス、オーストリアというように国際的であり、テーマも大学のもっている現象全般にわたっている。

4 「大学史研究」と「個別大学史編纂」

第2期の「ゆるい統一テーマ」の項でも取り上げたが、「大学史の研究」と「個別大学史の編纂」とは深く関係している。だから、『大学史研究会』の会員としても「個別大学史の編纂」を無視するわけにはゆかない。

会員の早島瑛氏（関西学院大学名誉教授　西洋史）は、歴史学者らしく「史料批判」の重要性を指摘したうえで、「研究対象がドイツの中世であれ、フランスの近世であれ、あるいは、アメリカの現代であれ、最も身近な大学の歴史、つまり、おのれの職場の大学史の現状に無関心ではいられないはずである。自分の職場の歴史を知らないものが、外国の大学の歴史に手を出してよいものであろうか。大学史研究会の会員は、歴史研究に関心をもつ限り、主たる研究分野とは別に、第二の研究分野として自己の職場の歴史に関心をもち、その研究においても、ゆきとどいた史料批判に立脚する研究成果を提示する必要があると考えられる」とかって主張したことがある（『大学史研究通信』New Series No.11 1996）。この意見に、筆者としても全面的に賛成である。筆者も、勤務する大学の歴史編纂に深くかかわった。プラントルの『ミュンヘン大学史』やR・キンクの『ヴィーン大学史』に馴染んでいたので、違和感はまったくなかった。

委員長は、有名な中村雄二郎先生であった。先生は全原稿に目を通された。筆者は、丸山眞男の『戦中と戦後の間』に収められている「明治国家の思想」や「自由民権運動史」などを参考に書いていった。もちろん歴史的事実よりも「歴史するこころ」（歴史の精神）や「歴史の叙述の仕方」を学ぶためであった。ずいぶん参考にさせて貰った。

結論として強調的に言えば、『大学史研究会』の会員であれば、自分の勤務する大学や研究所の歴史編纂に携わりたいものである。

5　『大学史研究会』の改革可能性

「大学史研究会」は、先例として後の時代の「会」のあり方を拘束する力を持ってはいるが、改革をまったく寄せ付けない組織ではもちろんない。

「大学史研究会」は、ドイツの社会学者 Ferdinand Tönnies（テニエス、1855〜1936）の言葉をかりて言えば、ゲマインシャフト的な性格を持った組織からゲゼルシャフト的な性格をもった組織へと変貌してきたと思う。それはニュートラルな意味で言っているのであって、けっして悪い意味ではない。ゲマインシャフト的組織からゲゼルシャフト的組織への「会」の性格転換という認識は、「会」の第1期を知っている人々とも共有できるのではないかと思う。

ゲマインシャフト的組織からゲゼルシャフト的組織への性格転換は、「科研費で運営する組織」から「会費で運営する組織」へと変わった第2期の「大学史研究会」を担ったわれわれからの事務局体制から始まっていると考えられるが、まだ第1期・創設期のゲマインシャフト的性格を色濃く残していたと思う。「科研費で運営する組織」から「会費で運営する組織」へ変換は、考えられる以上に大きかったと判断している。と言うのは、初期の「大学史研究会」は、科研費（セミナーが開催される場所までの旅費は自己負担）で運営されていたので、参加者全員が発表の義務を負い、しかも若い順に時間無制限に発表し、その後先生方の鋭い質問に答えなければならない。そのうえ、報告の途中でも質問が飛んでくる。それにも答えなければならない。そうした意味でノンビリと時間をかけ若手を育てる（教育する）余裕があった。ゲマインシャフト的組織であったと言った所以である。筆者はゲマインシャフトとゲゼルシャフトの双方を経験している。しかも第2期では、会の運営も担当している。

時代の変化にしたがって組織を変えていかなければ、生き延びてはいけない。「大学史研究会」も同じである。現在ふり返って考えてみると、ゲマインシャフト的組織からゲゼルシャフト的組織へと変わる象徴的な出来事があった。第2期われわれの事務局が極簡単な規則（申しあわせ程度のもので、とても規則とは言えない）を提案したところ、第1期の人たちから物凄い反発があった。この事実は、時代の変容を示すものと言えよう。

後の時代から振りかえって考えてみると、各世代の事務局には各世代ごとの任務・課題があったと思う。第1期の世代は大学史の研究を軌道にのせるための「会」をしつらえ若手を育てるという課題が、第2期の世代の課題は大学史の研究の遺産を発展させ、充実させるという課題が、それ以降の事務局には大学史の研究をさらに発展させ会員をふやすという課題が、それぞれあった。とくにどの世代に苦労が集中し、労力をかけたとは言えない。各世代がそれぞれの課題解決のために懸命に努力しているのである。不安定な助手や院生であったわれわれ第2期の事務局員も死力を尽くしてきた。

「大学史研究会」をはじめとして、「全国私立大学教職課程連合」や「明治大学教職課程」、「明治大学教育会」などの組織を運営したり創設してきた筆者の経験からすれば、運営機関はシンプルな方が良い。経験則から断言できる。これは、言わずもがなことであるが、ここではシステムのことを言っているのであって、個人のことを言っているのではない。

6 「拠り所」としての「歴史」の重要性

社会科学や人文科学も自然科学のようにデータを基にして考えるのに変わりはない。データに依拠して立論するのは同じであるが、ただデータの集め方が異なっている。自然科学は実験して集める。社会科学や人文科学は実験して集めるわけにはゆかない。そこで社会科学や人文科学の「拠り所」は「過去」の「歴史的事実」しかない。「単に事実をたしかめ、掘りだすだけが歴史認識ではない。」（藤田省三）けれども、第一義的には過去に起こった事実・出来事しか出発点はない。いかに「現在」を研究していると主張する学者であろうと、社会科学や人文科学の学問を専攻する限り、「過去」の出来事に拠らざるを得ない。「現在」をやっているから、「現在」は「過去」ではないと言い張る人がいるかも知れないが、「現在」とは言っても、時の流れからすれば、1秒も経ってしまえば、すでに「過去」なのである。だからこの主張は認めることはできない。

大学史は、大学にかかわる歴史的事実に、歴史的比較や地理的比較、分析や総合、帰納、観察など合理的方法を適用して、一歩一歩叙述してできあがっていく。大学史の研究者に歴史研究が必要な所以でもある。

したがって、どういう学問が教えられたか、学生はどう学んだか、どういう改革が行われたか、どういう学部構成をとっていたか、入学試験はどう行われたか、博士号はどのように授与されたか、博士号を授与する主体はどこかなどなど過去の出来事（歴史的事実）を研究せざるを得ない。人文科学や社会科学である以上歴史研究から逃れるわけにはいかない。

7 これからの大学～予想的に、あくまで予想的に～

これまでの学問 神学、法学、経済学、政治学、教育学というものは、社会現象を現象として扱う学問であった。しかし、人文・社会・自然の科学（サイエンス）が発達してくると、とくにブレインサイエンス（脳科学）が発達してくると、認識、思考、記憶、行動、性格形成などの諸原理が科学的に解明されて、各学問の内容も大きく変わってこざるを得ないと思うが、脳科学者が何もかもすべてを開明し、証明してくれるわけではない。やはり経験則を論理的に積みあげていって学説を打ち立てる方法も捨てることはできない。

科学（学問）の変化にしたがって、大学組織もしたたかに変わっていかざるを得ない。約９００年の歴史をもつ大学は、世の中の変転や学問の変容にしたがって、したたかに生き延びてきた。今後も、サイエンス（学問）の発達に応じて、大学の持ってきた特権は保持しつつ、大学という大枠は崩さずに（学部の名称は様々に変えたとしても）、したたかに生存し続けていくと予想している。

「大学と社会との関係」においても、同じことが言える。大学が発信して社会が大きく変わることは史上宗教改革とか、平均寿命の延長、現代ではコロナワクチンの発明とか少なくない。他方、社会の変化が、大学の組織構造を変えさせた事例も、ナチス政権や東条政権など枚挙にいとまがないわけではない。社会の変転につれ大学も組織構造をそれに合わせて変化させ、したたかに生き延びていく。大学と社会とは相互依存関係を保ちつつ、生きのびていく。大学とはそういうものだ。

現在、大きな問題になっている「人工知能」（Artifical Intellgence、普通ＡＩと略される）の「チャットＧＰＴ」（ChatGPT）にしても、学生に書かせるレポートや修士や博士論文など論文作成には絶対に使ってはならないことはハッキリしている。当事者の思考訓練にまったくならないからである。とくに博士論文では独創的な研究がまったくできないからである。

そのうえインターネット上には多数のウソがある。現に筆者にかんする情報にも、インターネット上には、フェイクとは言えないまでも複数事実との違いがある。そういう誤情報を大量に取りこんでいる「チャットＧＰＴ」は、もっともらしいウソをつく。もっと言えば、フェイクの情報をつくる。捏造する。知的教育を受ける大学生及び受けた大学卒業生はウソをついてはならない。フェイク情報を流してはいけない。したがってウソ（フェイク）情報やフェイク画像を見ぬく学問的力量（リテラシー）を、難しいことではあるが、学生につけるのも大学の任務であろう。

「チャットＧＰＴ」の大学での可能性について、現時点で考えてみると、学生にかんして言えば、就職などの面接の練習に活用できるだろう。しかし、よりよく受験態度や口のきき方を改善していくのは、学生自身に他ならない。ここでも学生自身の思考能力がためされる。「チャットＧＰＴ」が受験態度をよりよく改善してくれるわけではない。自分でやるほかはない。教授にかんして言えば、休講はなくなり、ＷＥＢ授業が増えるかも知れない。

このように、大学は、「生成人工知能」（ＡＩ）の「危険な面」と「有効な面」を慎重に注意深く検討しつつ大学の研究や教育のなかに取り込んで、大学組織は、しぶとく、したたかに生き延びていくのではないかと思う。現に、「チャットGPT」を解説している人の大部分が大学の教師なのである。強調しておきたいことは、人間はあくまでAIを使う主体でありAIに使われてはいけない、ということである。このことは、何度でも強調しておきたい。

この項の最後に、筆者が大学をどのように捉えているかに触れておこう。

大学は、実践的にも理論的にも法的にも多様に捉えられようが、筆者にとっては、保守的と言われようと守旧派と断じられようと、「大学は、なによりも知的修練の場である。科学（学問）の進歩の場である。いろいろな部門の知識を媒介にし、教育と研究とをつうじて、科学（学問）を進歩させる場なのである」と考えている。

たしかに、大学だけが学問を進歩させるのではない。歴史的には大学以外の場所でも個人的にも学問の進歩ははかられてきた。この歴史事実は充分納得できる。

この事実を充分認めたうえで、しかし、大学についての筆者の考えは、死ぬまで変わらないであろう。この立場から、色々な出来事を考えていきたい。

8 「大学史研究会」から学んだこと

最後に筆者が「大学史研究会」から学んだことを述べて第Ⅰ部を閉じよう。

筆者は学問的・人間的にたくさん学んだ。とくに、学問の方法としての実証主義、「大学史研究会」

が大学史に学問の世界における「市民権」を与えたこと、若い未熟な研究者の育成などについてはすでに述べた。ここでは、さらに三つのことをとくに述べておきたい。

1つは「実証主義と問題意識」についてである。この考え方は、M・ヴェーバーの学問論へと筆者を導いていったことはすでに述べたが、さらに佛教大学紫野キャンパスの野崎敏郎教授のヴェーバーの研究グループへとみちびいでくれた。筆者が「大学史研究会」を学問的故郷と位置付ける契機でもある。

第2に、世界の大学の学部学科構成を年次ごとに編集出版したミネルバ（Minerva）やヨーロッパ各大学のマトリケル（Matrikel）とよばれる学籍登録簿（入学する時に学生が名前を書く名簿）などのデータを読込んで、それから新しい知を発見する方法を学習した。ヨーロッパの本に書いてない、日本人たる自分達なりの新しい知を創造するやり方に他ならない。

「大学史研究通信」の4号と6号には、共同研究として「19世紀における世界の大学の学部学科構成」を掲載してある。「ミネルバ研究」Ⅰ、Ⅱとして1891年と1911年を分析し報告したものである。この方法は、さまざまな限界は考えられるか、ヨーロッパ人ではできない芸当と言わなければならない。

筆者は、この共同研究に参加することによって、ヨーロッパの本に書いてない新しい知見を発見する方法を学んだ。こうした方法で出来上がったのが「近代ドイツ大学における学部編成」であり、「大学史研究通信」第5号に発表した。それは、『大学改革の系譜：近代大学から現代大学へ』の第二部第四章「一九世紀後半から一九六六年に到るドイツ大学史における学部構成」と改題し、また文章を読みやすくして再録した。

有本章会員や山野井敦徳会員は、公表されたデータや資料から、データや資料の作製者のまったく予想しない意味（「学会の理事・役員の学閥構成」や「大学教師の大学間異動」）を読みとり、新しい知見を論文として発表している。そう言えば、立花隆の『田中角栄研究』も会社謄本などを活用して書き、内閣を退陣へと追いやった事実は記憶から消えない。

3番目は、「大学はしたたかな構造を持っている」と気づかせてくれたことである。それは、本書の第Ⅱ部に挙げた寺﨑昌男先生の『近代日本大学史』を書評しているときにハッと気がついた。考えてみると、明治36（1903）年の「専門学校令」で日本の私立専門学校は昇格運動をして、名前だけでも「大学」になったわけである。帝国大学でさえもまだ博士号授与権を取得していない時代である。博士号授与権は持っていないにもかかわらず、「大学」になったのである。これは、ヨーロッパの概念からいえば、学位授与権を持たない「大学」なんて絶対にありえない。それを、為政者に「大学」なんて呼ばせるなんて「したたかだなぁー」と思った。ドイツでも、工業専門学校（Techinsche Hochschule）や商業専門学校（Handelshochschule）が1900年前後に学位授与権を獲得するための運動を展開している。いまでは「大学」（Universität）の仲間入りを果たしている。ドイツでも「したたかさ」は変わらない。世界中で「大学」の「したたかさ」という「同一の潮流」（山路愛山）があると思う。

第Ⅱ部　「大学史研究会」と筆者の論文三つ

第一章　ドイツにおける大学文書館

まえおき：1978年筆者がはじめてヨーロッパを訪問するとき、寺﨑昌男先生から「大学文書館を調べてきて欲しい」と課題を出された。訪れた大学文書館は、ハイデルベルク、フライブルグ、ミュンヘン、ヴィーン、ハンブルクの各大学の文書館で、筆者の専攻するドイツ大学中心であった。その成果は、寺﨑先生のはからいで、東京大学百年史編纂委員のまえで報告した。その後、寺﨑先生・中野実会員とともに、大学文書館の歴史を含む「わが国初めての大学史編纂手引書」といわれる『大学をつくる』（東信堂　1999年）を出版した。本稿は、2004年ヴィーン（Wien）大学に長期滞在したときに再び文書館を訪れ新しい資料を獲て、これまで集めていた資料と突きあわせて、米山光儀会員の高配により、慶應義塾福沢研究センターの『近代日本研究』（第23巻、2006年）に発表した論考である。筆者としては、『大学文書館』にかんする思い出深い一編である。

「大学文書館は大学の記念碑である。」（テュービンゲン大学文書館のパンフレットより）

問題の設定

ドイツのたいていの団体組織は、独自の文書館を持っているのは当たり前と言っていい。大学とて例外ではない。歴史の古い大学は言うに及ばず、廃止や統合された大学でも、大学にかかわる文書は、統合された大学の文書館か都市の文書館に大切に保管してあるのが実状だ。

ドイツでは、大学文書館はしばしば「大学の記念碑（Gedächtnis der Universität）と言われている。同じドイツ語圏のオーストリアでは、文書館は「国家の記念碑」（Gedächtnis des Staates）と呼ばれている。いずれにしろ、ドイツであれ、オーストリアであれ、文書館は記念碑（Gedächtnis）であると考えられていることに違いはない。これは、民族的な価値観の一つの表明と考えていいだろう。

わが国においては、外国の大学文書館を、客観的にであれ、主観的にであれ、紹介する段階はすでに終わったのではないかと思う。現在は、日本における大学文書館の性格、意義、機能、保存文書の分類の仕方、書類を学内各部署から文書館に移すシステム、残す文書と捨てる文書の分類基準、利用規定といった重要な事項を、各文書館ごとに、意識的・精密に検討する段階にきているのではなかろうか。

私事を語ることになるが、私は今一八世紀のドイツ大学史を叙述する作業をしつつあり、もう出版社も決まっているが、作業は遅々として進まない。私の作業が進まないことはさておき、大学史において最も研究に不可欠なのは、大学文書館（Universitätsarchiv）の存在であることは多言を要しまい。小論でとくに取り扱うのはドイツの大学文書館であるが、何も模範にするために研究するのではなく、私たちの参考に資するために研究するのである。このことは、私たちの共通認識として持っておきたい。

そこで、小論では大学文書館について叙述することになるが、このばあい、①どのような文書が文書館には保存されているのか、②大学文書館はどのような任務、役割、機能を果たしているのか、③文書館を利用するにさいして、留意しなければならないことは何か、この三つの問題を中心に、考察を展開していこうと思う。

1　ドイツ語圏の大学文書館を持つ大学

どのようなドイツ語圏（スイスの一部、ドイツ、オーストリア）の大学が自前の文書館をもっているのだろうかという問題をまず考えてみよう。ほとんどすべての大学がもっていると言ってよい。どういう大学が文書館を持っているか、まずＡＢＣ順に個別大学の名前を挙げておこう[1]。

アーヘン工業大学（Aachen, Rheinisch-Westfälische Technische Hochschule）
アウグスブルク大学（Augsburg, Universität）
バンベルク大学（Bamberg, Otto-Friedrich-Universität）
バーゼル大学（Basel, Universität）
ベルリン自由大学（Berlin, Freie Universität）
ベルリンフンボルト（Berlin, Humboldt-Universität, ehemals Friedrich-Wilhelms-Universität）

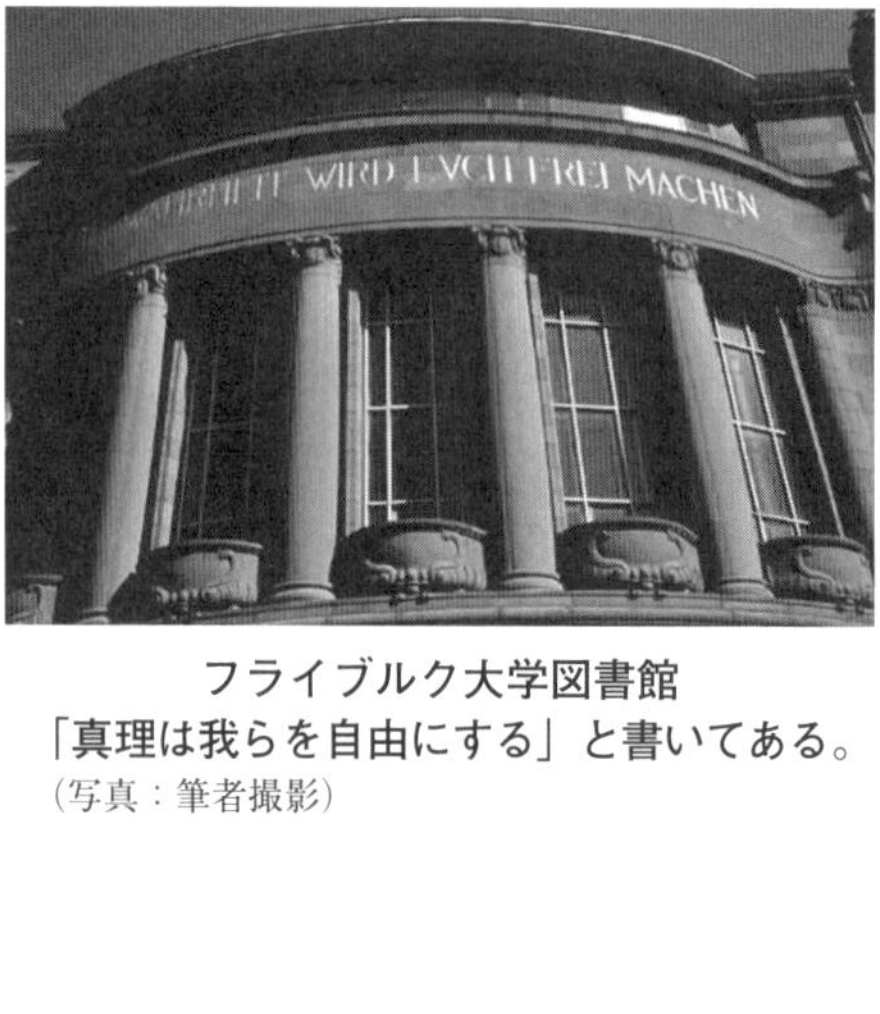

フライブルク大学図書館
「真理は我らを自由にする」と書いてある。
（写真：筆者撮影）

ベルリン芸術大学（Berlin, Universität der Künste）
ベルン大学（Bern, Universität）
ビーレフェド大学（Bielefeld, Universität）
ボッフム大学（Bochum, Ruhr- Universität）
ボン大学（Bonn, Rheinische Friedrich-Wilhelms-Universität）
ブラウンシュヴァイク大学（Braunschweig, Technische Universität Carolo-Wilhelmina）
ブレーメン大学（Bremen, Universität）
ケムニッツ大学（Chemnitz, Technische Universität Chemnitz-Zwickau）
クラウスタール - ツェルフェルド工業大学（Clausthal-Zellerfeld, Technische Universität Clausthal-Zellerfeld）
ドレスデン工業大学（Dresden, Technische Universität）
デュッセルドルフ大学（Düsseldorf, Heinrich-Heine-Universität）
エアランゲン・ニュールンベルク大学（Erlangen-Nürnberg, Friedrich-Alexander-Universität）
フランクフルト・アム・マイン．大学（Frankfurt a. M., Johann Wolfgang Goethe-Universität）
フライブルク工業大学・鉱山アカデミー（Freiburg, Technische Universität Bergakademie）
フライブルク大学（Freiburg, Albert-Ludwigs-Universität）
ギーセン大学（Gießen, Justus-Liebig-Universität, ehemals Ludwigs-Universität）
ゲッテンゲン大学（Göttingen, Georg-August-Universität）

グラーツ大学（Graz, Karl-Franzens-Universität）

グラーツ音楽・描写芸術大学（Graz, Universität für Musik und darstellende Kunst）

グライフスヴァルト大学（Greifswald, Ernst-Moritz-Arndt Universität）

ハレ大学（Halle, Martin-Luther-Universität Halle-Wittenberg, ehemals Vereinigte Friedrichs-Universität Halle-Wittenberg）

ハイデルベルク大学（Heidelberg, Ruprecht-Karls-Universität）

ホッヘンハイム大学（Hohenheim, Universität）

イルメナウ大学（Ilmenau, Technische Universität）

インスブルック大学（Innsbruck, Leopold-Franzens-Universität）

イエナ大学（Jena, Friedrich-Schiller-Universität）

カールスルーエ大学（Karlsruhe, Universität Karlsruhe, Technische Hochschule）

キール大学（Kiel, Christian-Albrechts-Universität）

ケルン大学（Köln, Universität）

コンスタンツ大学（Konstanz, Universität）

ライプツィヒ大学（Leipzig, Universität）

マグデブルク大学（Magdeburg, Otto-von-Guericke-Universität）

マインツ大学（Mainz, Johannes-Gutenberg-Universität）

ハイデルベルク大学本部（後ろに城がみえる）
（写真：筆者撮影）

マールブルク大学（Marburg, Philipps-Universität, Universität archiv im Hessischen Staatsarchiv Marburg）
ミュンヘン大学（München, Ludwig-Maximilians-Universität）
ミュンヘン工業大学（München, Technische Hochschule）
ミュンスター大学（Münster, Westfälische Wilhelms-Universität）
ポツダム大学（Potsdam, Universität）
ロストック大学（Rostock, Universität）
ザールブルッケン大学（Saarbrücken, Universität des Saarlandes）
ザルツブルク大学（Salzburg, Paris-London-Universität）
テュービンゲン大学（Tübingen, Eberhard-Karls-Universität）
ヴィーン大学（Wien, Universität）
ヴィーン工業大学（Wien, Technische Universität）
ヴィーン音楽・描写芸術大学（Wien, Universität für Musik und darstellende Kunst）
ヴルツブルグ大学（Würzburg, Julius-Maximilians-Universität）

これらの大学のなかで、マールブルク大学は独自の文書館を持たず、大学にかんする文書は、マールブルク市にあるヘッセン州立文書館に保存されている。ケルン大学は、中世に創設され、18世紀と19世紀の交錯期に閉鎖され、第一次世界大戦後には再建されるが、

ミュンヘン大学（この中に文書館があった）
（写真：筆者撮影）

旧大学にかんする文書は、ケルン市の文書館に保存されている。この二つの大学は歴史は異なっているが、独自の文書館を持たずに、大学のある都市の文書館に、大学にかんする文書はきちんと保管されている事実は押さえておかなければなるまい。

2　三大学の文書館

これら上記のすべての大学の文書館について考察することも方法論的には考えられるが、考察する大学の文書館をいくつかに限定しても、大学文書館に共通する性格は把握できるであろう。具体的に言えば、私が直接見聞した大学文書館のなかから、テュービンゲン、ミュンヘン、ヴィーンの三つの大学に限定して考察したい。

個別の大学文書館について述べる前に、まず言っておかなければならないことは、大学文書館について語るには、その文書館の属する大学の歴史を無視しては語れないということである。大学あっての文書館だからである。

〈1〉ミュンヘン大学

ミュンヘン大学は、インゴルシュタット（一四七二年）に創設され、ランズフート（一八〇〇年）、ミュンヘン（一八二六年）と移転することによって、サバイバルしてきた特異な歴史を持っている。したがって、ミュンヘン大学は、正式に一四七二年を創設年としている。

この大学の文書館は、私が研究生活を送ったところなので、個人的にも最もなじみが深い。

（1）保存文書

はじめて文書館の古文書類をみたとき、その量と質には、どぎもをぬかれた。５００年にわたる大学の記録類が保存してあるのだから、重厚な感じがしたのは当然であろう。一例をあげると、マトリケル（Matrikel）と呼ばれる学籍登録簿（一四七二年から存在）、各学部や評議会の議事録（Protokoll）、大学へ来た学生からの手紙とそれへの返事（Studenten-Briefwechsel）、学生の懲罰記録、写真つきの王子の入学記録、業務日誌、全学部の文書類、訪問者の名簿、写真つきの学生の索引カード（いつ入学したか、いつ退学（転学）したか、何学期学んだか、何を学んだかなど）、マギステルやドクトルの学位取得者に関する書類、教師個人に関する記録など豊富にあった。

（2）任務・機能

とりわけ、19世紀と20世紀の精神史（インテレクチュアル・ヒストリー）の研究に寄与することを、主たる任務と位置づけている。

（3）利用規定（Benützungsordnung）

利用規定は、１９９１年１月14日に、所長（Vorstand）ベーム

ミュンヘン大学文書館図書館（写真：筆者撮影）

教授（Prf. Dr. Laetitia Boehm）の名前で公布されたものである。利用規定は、第一章妥当範囲、第二章利用、第三章利用費用（無料）、第四章付則から、成り立っている。

（4）法的根拠

１９８９年のバイエルンの文書館法（BayArchivG）に則って、設置されている。[2]

〈2〉ヴィーン大学

（1）文書館の歴史

ヴィーンでは、１３６５年に大学が創設され、１３８８年にはもう「大学の木箱」（Archa universitatis）が購入されている。その木箱の周りを鉄で強化し、歴代の学長たちは、その中に重要な法的文書や印璽を入れて保管した。16世紀になると、「記録所」（Archivum Universitatis）が創設・運営され、法的・歴史的に重要な記録類を備える施設となった。１７０８年以降になると文書係の名前が分かってくる。「文書係」（Archivarius Universitatis）の職は、神学部や哲学部の教授たちが名誉職的に担当するようになった。パリの古学院文書（１８２２年創設）を模倣して、１８５４年に「オーストリア歴史研究所」（Institut für österreichische Forschung）が創設され、歴史学の系統的学習の場所となった。[3]

旧ヴィーン大学と教会　Bernardo Belleto 筆
（芸術歴史博物館所蔵）

１８７５年になると、学長事務局や学部の古い書類、国民団、大学事務職員、ブルザ、財団などの記録類を集めて、中央文書館が創設された。それ以来、文書館は、専任の文書係と歴史家が面倒をみてきたが、１９５３年に大学の直接の指揮下に置かれた。現在、専任の文書係の養成は、上記の「オーストリア歴史研究所」が担っている。

この事例からも明らかなように、文書館の原型（胚珠細胞）は、重要書類を保管した箱であったのである。ここには、数百年という長い時間をかけて、物をおく→非常勤（兼任）のポスト→専任のポストというように、発展してきた歴史を見ることができる。

（2）任務

ヴィーン大学文書館の任務は以下のように要約することができよう。

①文書の保存、文書の発掘、大学の歴史的伝承物の手配（Breitstellung）、学術的研究・教授や大学行政の目的のために、大学史にかかわるものを収集すること。

②大学史や科学（学問史）にかかわる著者の公刊、講演、展示をすること、専門的なプロジェクトを援助（補助）すること。

③文書館利用者のために、専門的な助言をすること。

の三つの点にまとめることができよう。

現ヴィーン大学文書館　旧図書館
（ヴィーン大学文書館パンフレットより）

（3）保存物

ヴィーン大学の文書館には、どのような文書が保存してあるのか。その例を挙げておこう。創設文書、印璽、マトリケル（学籍登録簿）、大学評議会の議事録、ペデル職、学位取得者の名簿、会計係、大学会計、カトリック神学部・法学部・哲学部など学部にかんする文書、国民団（オーストリア、ライン、ハンガリー、ザクセン、ライン、スラブの国民団）の文書、また各研究所の文書などが、保存されている。

（4）文書公開の原則

古文書に保存してある文書をむやみやたらと公開しているのではない。通常の文書と個人にかかわる文書は、公開が制限されている。すなわち、通常の文書は30年以上、個人にかかわる文書は50年以上経過しないと入手できない（公開されない）。これは法規定に則ってそう定められている。

1377年以降のヴィーン大学最古のマトリケル
（ヴィーン大学文書館パンフレットより）

（5）開館時間

文書館があけられている時間と曜日も決められている。月曜日はあけられておらず、火曜日と水曜日は朝9時から15時30分まで、木曜日は朝9時から19時まで、金曜日は朝9時から12時までである。外国人が利用するばあいに気をつけなければならないことは、7月と8月は開館時間が異なっていることだろう。すなわち、火・水曜日は13時から15時30分までのたった2時間半、木曜日は13時から19時までの開館である。夏休みはたっぷりとる国民性なのである。

(6) 陣容

文書館の運営にかかわる人は、ドクター学位保持者2人、マギステル1人、秘書3人、その外、法学部やプロテスタント神学部、会計事務を担当している人1人、計7人いる。これらの人々が、文書館の図書館、収集物、各学部、学生登録簿、大学評議会、1800年以前の旧大学、雑誌などを手わけして担当している。

(7) 出版物

文書館編の『ヴィーン大学史一巡』[4]その他の研究刊行物を出している。とりわけ、前者は、写真を多用しており、フランツ・ガルの『ヴィーン大学小史』[5]よりも読みやすい。

〈3〉テュービンゲン大学

(1) 保存文書

テュービンゲン（エーベルハルド・カールズ）大学の文書館の保存文書は、国家（といってもドイツでは州）文書から、学生文書、大学付属各団体に至るまで、多岐にわたっているが、それらの一部を整理して示そう。

A、国家関連：クラトールや行政委員会についての文書や国家試験に関する文書。

B、大学の中央組織：学長、カンツラー、評議会、大学創設文書、大学裁判所、財務運営組織、法律顧問についての文書。

C、各学部関連：学籍登録簿（マトリケル）、博士論文、会議体、寮。

D、施設、ゼミナール、研究所など：大学図書館、経済学ゼミナール、解剖学研究所、人間学研究所、心理学研究所、芸術史研究所、歴史学研究所、化学研究所、植物学、動物学研究所などについての文書。

E、大学病院：大学病院の運営、大学病院の患者についての文書。

F、学生にかかわる文書。

G、奨学金にかかわる文書。

H、団体、社団、団体の文書。

テュービンゲン大学本部（写真：筆者撮影）

（2）任務・役割

テュービンゲン大学の文書館は、研究、教育、大学についての学習、大学の自己運営、その他学術的活動や客観的情報のために奉仕する任務を持っている。大学組織や学部、大学運営にかかわる文書類は、作られて少なくとも30年たってから、文書館に提供される。文書館の任務は、これら文書類が現にあり、それらが歴史的な価値を持っていれば、それらを管理し、保存することが任務となっている。

（3）文書館の歴史

テュービンゲン大学は１４７７年に創設された。その時の創設特許状や創設当初からの重要な文書類は大学の宝物である。それらを保存しなければならない。それらは、１５４９年以来旧アウラに保管されていたが、今の文書館の歴史は、１８６５年に新しい形でテュービンゲン大学文書館が創設されたことに始まった。１９６４年には、文書館は、大学評議会の決定に基づき、大学図書館から切り離されて、学長の直接の支配下に置かれた。

以上、筆者になじみの深い三つの大学の文書館について述べてきた。これによっても、ドイツの大学文書館に共通している任務・機能、保存文書などについて垣間見ることができるが、利用する際に留意すべき事項、文書館の保存物、文書館の任務や機能、法的根拠などについて、今一度総括的にまとめておこう。

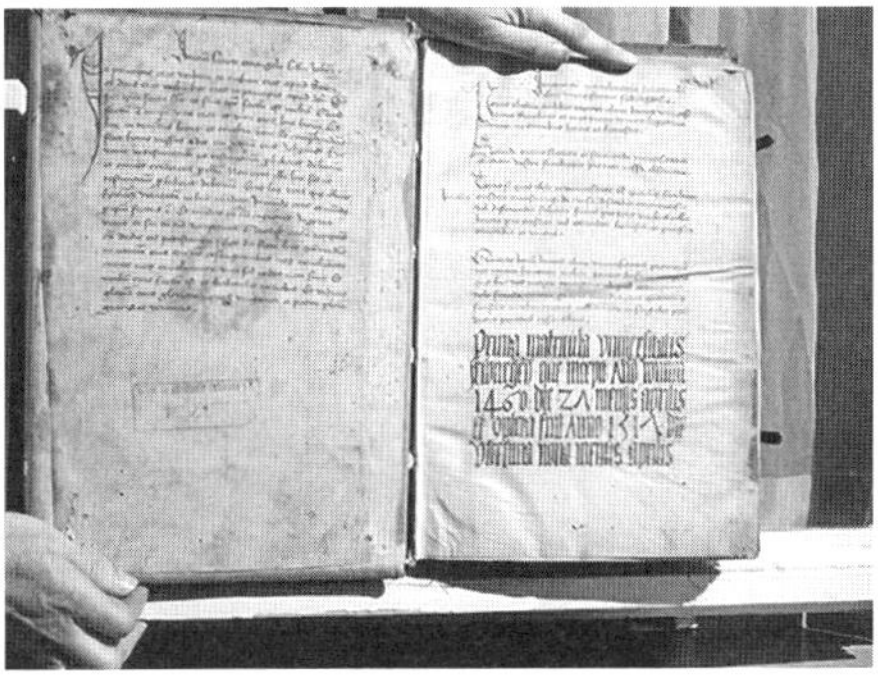

フライブルク大学の1460年のマトリケル
（写真：筆者撮影）

3 大学文書館の任務・役割、保存文書、法的根拠

(1) 任務・役割(Aufgaben)

大学文書館にはどういう任務・役割があるのだろうか。それは、大学の中心的サービス施設として、学内のすべての資(史)料を発掘・把握し、歴史研究に役立つか否かを判断し、引き取り、保管する役割を持っている。それだけではない。大学文書館は、公立文書館と同じ役割を、大学に関して、引き受けていると言えよう。言い換えれば、大学文書館は、研究、教育、学生や生徒の学習に役立ち、大学の自治(Selbstverwaltung)や大学自身、大学運営にかんする研究、その他の学術的活動や客観的情報の提供に奉仕すべく存在している。なかには、フライブルク大学文書館のように、コピーサービスをするところもある。

(2) 保存文書——どのようなものが保存されているか——

資料のなかには、創設特許状、マトリケル、大学評議会や学部の議事録などのように書類の他に、印璽、計画書、絵、フイルム、音声記録媒体、データ記録媒体などのようなものも保管する。音声やデータの記録媒体は、現代という時代を表すものであろう。

任務からいっても保存文書からいっても、大学文書館は大学史の研究に欠かすことができない。

（3）法的根拠

大学文書館は、大学を設置している州の法規に則って、設置されている。法的根拠は、たいていのばあい、各州の「大学法」（これは、連邦の『大学大綱法』に基づいて施行されている）に基づいて、設置されている。ちなみに、ミュンヘン市には、バイエルン州法に基づき、「ドイツ博物館」、「ミュンヘン大学＝ルードヴィッヒ・マクシミリアン大学」、「ミュンヘン工業大学」の三つの施設に、文書館がある。(6)

4　文書館利用について

大学文書館は、たいていのばあい、興味を持つ人は誰でも利用できるようになっている。多くの大学文書館は、「公的施設として、大学文書館の利用は、興味を持っているひとは誰でも可能である」という趣旨の文句をうたっている。(7)

このように誰でも利用できるが、利用にあたっては、利用する側もそれなりに準備をしておかなければならない。利用する側の準備のことは、文書館の利用規定（Benutzungsordnung）には書いてない。書いてあるのは、開館時間とか利用できる人の身分など、外的事項にすぎない。ここで問題にしたいのは、利用者の内面にかかわる内的事項である。

ヴィーン大学1365年の特許状（写真：筆者撮影）

大学の古文書を研究するに際して問題になるのは、古文書の種類、形式、要素、文書の価値の決定であろう。それらの問題をクリアして、いよいよ文書館を利用することになる。いや、利用しながら、具体的に問題をクリアしていくことになろう。

文書館は、大学史について考える際の宝庫と言ってもよい。その大学史について考える素材がそろっている。しかし、何でもそろっているからと言って、それに甘えてはいけない。こちらから、項目をしぼり、はたらきかける必要がある。項目をしぼるためには、大学の歴史にかんする知識が少しは必要であろう。また、現在において問題になり、影響を持っている事項の由来・原因を求めることも可能であろう。たとえば、知りたい事項が「大学教師」（Universitatslehrer）であれば、ハビリタツィオン（大学教授資格試験）、その大学の教師になった日、保持している学位、教授した科目、職階、給与の額、教えた学生数などがかかわってこよう。

われわれ現代に生きる者が、大学文書館を使う際に、どのようなことに留意すべきか。

①われわれの意識が、どんなに歴史的条件や地理的条件に規定されていようとも、大学史の事項および大学文書についての最低の知識は持っていなければ、大学文書館を利用することができない。少なくとも、必要な知識を引き出すことに自分の方から大きな制限を作ることになろう。

②大学文書館は、その大学の歴史的事項についての宝庫であるから、現在において、問題になっている事項や事柄についての由来や原因を探求することができる。

③大学史にかんする知識とも関係するが、大学文書館から得た知識をやたらに並べても大学史はできあがらない。ハーバード・ノーマンが言うように、「歴史とは本来関連した事実を選びだして、その相互

関係を評価すること」であるとするならば、歴史事実の持っている意味を読み取るための理論的枠組み、主体的観点、もっと言えばプロットを持って、大学文書館に保存してある文書に、働きかける必要があろう。理論的枠組み、プロットは事実にふれて、変更を余儀なくされることもあろう。④文書館に保存してある文書は、書かれた時代にはある方向の価値判断を持っていようが、研究という立場から言えば、ニュートラルな性格をもっているのだから、それを予見やイデオロギーでねじまげることをせず、あくまでも帰納法・上向法で、謙虚に文書に臨まなければならない。

大学文書館を利用するにあたって、大学史および大学文書についての最低限の知識は持っていなければならないこと、大学文書館は知識の宝庫であり、現在の問題の由来や原因を知ることができること、理論的枠組み・プロットが不可欠なこと、予見やイデオロギーで事実をねじまげてはいけないことの四点を挙げた。まだ他にあるかも知れないが、これらはみな利用する者の内面にかかわる事柄と言ってよい。

5　大学文書館と大学史叙述

大学文書館がなければ、すぐれた、質の高い史料集や大学史叙述は生まれない。大学史は、文書館の質に依存するという認識はただしい。最近では、学術的批判に耐えうる個別大学の歴史が、陸続として出版されている。こういう歴史叙述や史料集は、文書館なしでは、書いたり、史料を集めたりすることが難しい。その典型を、全部ではないが、いくつか挙げてみよう。

(1) ヴィーン大学

ヴィーン大学史では、キンクの『ヴィーン大学史』[8]やアシュバッハの『ヴィーン大学史』[9]が挙げられる。

(2) ハイデルベルク大学

ハイデルベルク大学史では、ヴィンケルマンの『ハイデルベルク大学の史料集』[10]やツロベックの『16世紀から18世紀にかけてのハイデルベルク大学の学則と改革』[11]、ハウツの『ハイデルベルク大学史』[12]、ゲルハルト・リッターの『ハイデルベルク大学史』[13]、新しいところでは、『ハイデルベルク大学600年記念誌』[14]が挙げられる。

ハイデルベルク大学の1386年の印璽
(1986年のカレンダーより)

(3) ミュンヘン大学

カール・プラントルの『インゴルシュタット、ランズフート、ミュンヘン大学史』[15]、ベーム(Boehm, Laetitia)、シュペェル(Spürl,Johannes)編になるミュンヘン大学の歴史書シリーズ[16]、メーデラーが、300(1772)年を記念して編集した『インゴルシュタット大学年代記』[17]などが、挙げられる。

(4) テュービンゲン大学

ロートの『1476年-1550年までのテュービンゲン大学史料集』[18]やエヤハルトの『テュービン

ゲン大学教授のイメージ』[19]、ハーラーの『テュービンゲン大学の始まり』[20]などが、忘れられてはならない。

(5) ヴィッテンベルク大学

フリーデンスブルクの『ヴィッテンベルク大学史料集』[21]やその叙述である『ヴィッテンベルク大学史』[22]、フエールステマンの『ヴィッテンベルク大学のアルバム』[23]、イスラエルの『ヴィッテンベルク大学の文書館、その歴史と保存物』[24]などが挙げられる。

(6) マールブルク大学

マールブルク大学にかんしては、ハイネメイヤーの『マールブルク大学の創設』[25]やヒルデブラントの『マールブルク大学の規則史料集』[26]がある。

(7) ヘルムシュテット大学

バウムガルトとピィッツの『ヘルムシュテット大学の学則』[27]を挙げておこう。

(8) ヴュツブルク大学

ヴエゲレの『ヴュツブルク大学史』[28]がある。

学長の交代　インゴルシュタットの大学のマトリケル（写真：筆者撮影）

（9）ゲッティンゲン大学

プュッターの『ゲッテンゲン大学史[29]』は、ゲッティンゲン大学史を研究するさいに、落とすことのできない文献である。

その他の大学についても挙げることができるが、これくらいにしておこう。大学史上で大切なことは、上記の個別大学史があってはじめて包括的な大学史も可能になった事実である。今でもよく引用されるフリードリッヒ・パウルゼンの『教養教育の歴史』二巻本[30]および『ドイツ大学と大学研究[31]』、ゲオルグ・カウフマン『ドイツ大学の歴史』二巻本[32]、H・ラシュドール、横尾壮英訳『大学の起原』上・中・下（東洋館出版社　一九六六－一九六八[33]）、ステファン・ディルセー、池端次郎訳『大学史』上・下（東洋館出版社　一九八八[34]）などは、文書館と個別大学史の存在があってはじめて書かれ得たと言えよう。

しかし、個別大学史は、一方では、たしかにプラールのいうように「大学は誰のものかという根本的な問いかけがなされておらず、しかも党派性を隠ぺいし、歴史の発展を偶然としてとらえている[35]」と批判される側面がないわけではない。こういう批判がなされる他方では、個別大学史の存在がドイツの大学史研究をやりやすくしていることは否めない。とはいえ、後世の学術的な批判に十分耐えうる個別大学史を作成しようとする努力も絶えず続けられている事実も評価していいだろう。そして、パウルゼンやカウフマン、ラシュドールの仕事は、その多くをこのような個別大学史研究に負っている事実に目をつぶるわけにはいかないだろう。

日本でも早島瑛氏（元関西学院教授）が、ドイツの商科大学の文書館を利用して、デプローム・カフォマンについての研究をドイツ語で発表している。この業績にはドイツの研究者も驚嘆している。これが可能なのは、文書館あってのことと断言してもよい。

筆者も、①どのような学問が教えられたか（旧来の学問にまじって、どのような新しい学問が出てきたか）、②どのような組織構造をしていたか（付属研究施設も含む）、③どのような意思決定機関を持っていたか（付属研究施設も含む）、④教授はどれくらいの給料をもらっていたか、⑤大学は、どのような方策をもって、サバイバルしてきたか、⑥どのような大学を支える考え方がなされていたかという中核的視点を持って、一八世紀ドイツ大学史を調べているところであるが、このような問題を考察するにあたっては、どうしても文書館にお世話にならざるを得ない。現にお世話になっている。

註

（1）http://www.burschenschaft.de/universitaetsarchive.htm でドイツ、オーストリア、スイスにある大学文書館の概観をみることができる。
（2）Bayerisches Archivgesetz. Vom 22. Dezember 1989.
（3）ベルンハイム、坂口昂・小野鉄二訳『歴史とは何ぞや』岩波文庫、99頁。
（4）Herausgegeben vom Archiv der Universität Wien. *Rundgang durch die Geschichte der Universität Wien.*
（5）Gall, Franz. *Die Alte Geschichte Universität Wien.*
（6）Archives of the Munich Center for the History of Science and Technology.
（7）*Das Universitätsarchiv* der *Universität Freiburg.*
（8）Kink, R. *Geschichte der kaiserlichen Universitct zu Wien*, Bd. 1, 2 1854.
（9）Aschbach, J. *Geschichte der Wiener Universict*, Bd. 1–3 1865–1888.
（10）Winkelmann, E., *Urkundenbuch der Universiä. Heidelberg*, Bd. 1, Bd. 2., 1886.
（11）Thorbecke, August., *Statuten und Reformationen der Universiät Heidelberg vom 16. bis 18. Jahrhundert*, 1891.
（12）Hautz, Joh. F., *Geschichte der Universität Heidelberg.* Erster Band, 1862, Zweiter Band, 1864.

(13) Ritter, G., *Die Heidelberger Universität*, 1936.
(14) *SEMPER APERTUS*, Bd. 1-6, 1986.
(15) Prantl, C., *Geschichte der Ludwig-Maximilians-Universität in Ingolstadt, Landshut, München*, Bd. 1, 2, 1872, Neudruck 1968.
(16) *LUDOVICO MAXIMILIANEA*.
(17) Jo. Nep. Mederer, *Annales Ingolstadiensis Academiae*.
(18) Roth, Rudolph von, *Urkunden zur Geschichte der Universität Tübingen aus den Jahren 1476-1550*, 1877, Neudruck 1973.
(19) Erhard, Cellius, *IMAGINES PROFESSORUM TUBINGENSIU seine Geschichte und seine Bestände. Nebst den Regesten der Urkunden des Allerheiligenstiftesund Fundationsurkunden der Universität Wittenberg*, 1596. Bd. 1, 2, Neudruck 1981.
(20) Haller, J., *Die Anfänge* der Universität Tübingen 1477-1537, Erster Teil, 1927, Zweiter Teil, 1929.
(21) Friedensburg, Walter, *Urkundenbuch der Universität Wittenberg*, Teil 1, 1926 Teil 2, 1927.
(22) Friedensburg, Walter, *Geschichte der Uniiversität* Wittenberg, 1917.
(23) Förstemann, Karl Eduard, *ALBUM ACADEMIAE VITEBERGENSIS*, Ältere Reihe in 3 Bänden 1502-1560, 1841, 1894, 1905. Neudruck 1976.
(24) Israel, Friedrich, *Das Wittenberger Universitätsarchiv*, 1913.
(25) Heinemeyer, W., *Zur Gründung des "universale studium Marpurgense"*, in: *Academia Marburgensis. Beiträge zur Geschichte der Philipps-Universität* Marburg, Bd. 1, 1977.
(26) Hildebrand, B., *Urkundensammlung* über die Verfassung der *Universität* Marburg, 1848.
(27) Baumgart, Peter und Pitz, Ernst, *Die Statuten der Universität* Helmstedt, 1963.
(28) Wegele, F. X. von, *Geschichte der Universität Würzburg*, Bd. 1, Bd. 2, 1882.
(29) Johann Stephan Pütter, *Versuch einer academischen Gelehrten=Geschichte von der Georg=Augustus=Universität zu Göttingen*, 1765.
(30) Paulsen, F., *Geschichte des gelehrten Unterichts* Bd. I . 1919, Bd. II 1921, Leipzig (Nachdruck, 1965 Berlin).
(31) Paulsen, F., Die deutschen *Universitäten* und das *Universitätsstduium*, 1902. Nachdruk 1966.
(32) Kaufmann, Georg *Die Geschichte der deutschen Universitäten* (Bd. I 1888, Bd. II, 1896, Stuttgart).
(33) Rashdall, Hastings, *The universities of Europe in the Middel ages*, 1855-1924.

（34）D'Isay. Stephen. *Histoire des universites françaises et etrangēres des origins ãnons jours.* T.1 1933. T.2 1935.

（35）ハンス＝ヴェルナー・プラール、山本尤訳『大学制度の社会史』（法政大学出版局　１９８８）。

わが国では、H・シェルスキー、田中昭徳・阿部謹也・中川勇治訳『大学の孤独と自由』（未来社　１９７０）や上記のプラールに書いてあることをもって、歴史の業績を評価することがしばしば行われているが、プラールやシェルスキーは社会学者であり、とりわけプラールは、自分では史料の発掘はまったくしないで歴史家の発掘した史料に依拠しつつ、当の歴史家を批判する態度に貫かれているので、大いに問題があると言わなければならない。翻訳されている社会学者の訳書に書いてあることに立脚して、歴史家の業績を裁くのはそろそろやめにして貰いたいと思うのは筆者だけであろうか。

1472年のインゴルシュタット大学のマトリケル
（写真：筆者撮影）

第二章 「自著を語る」

まえおき：これは、『大学史研究』第27号特集2の「私の大学史研究・半世紀を振り返って─追い続けたもの・更に先へ─」に書いたものである。本書のために、3の「三書を貫く方法論上の問題」の項は発表原稿を下敷きにして、論旨は変わらないが、分かり易く全面的に書き換えた。

最初の著作『ドイツにおける大学教授の誕生』は筆者に一生ついて回る。逃れることはできない。西田幾多郎の『善の研究』、丸山眞男の『日本政治思想史研究』を思い出していただければよい。二人の大研究者に自分をなぞらえる意図はまったくなく、ただ理解をたやすくして頂くために挙げたにすぎない。筆者の最初の著作が、2022年のドイツ大学史の専門論文に参考文献として挙げられているのを見てその感を深くした。

またこの本の基になる論文で博士号を取得した。審査員の一人が、「大学史研究会」の有本章会員であった。と言っても、手加減をされたわけではない。審査員本人と筆者の名誉ために[sic]あえて付けくわえておく。

1　大学史研究会と私（その1）

大学史研究会は、私にとって、特別な存在意義を持っている。実質的な学問的スタートは大学史研究会であったと言っても過言ではない。院生時代からそこで学問的人間的自己形成をしたからにほかならない。医学者がいた、法学者がいた、法制史家がいた、科学史家がいた、教育学者がいた。だから「大学史研究会」は、私にとっては、連合大学院みたいな存在であった。私の著作は、最終的責任は私にあるが、大学史研究会が別府に書かせたものと言っても過言ではない。

2　ドイツ大学史三部作

私にはドイツ大学史にかんする著作が3冊ある。

①16世紀を軸とした『ドイツにおける大学教授の誕生』（創文社　1998年　以下『誕生』と略記）

②18世紀を中心とした『近代大学の揺籃～18世紀ドイツ大学史研究―』（知泉書館　2014年　以下『揺籃』と略記）

③近代大学の成立から、19世紀から20世紀にかけての哲学部の分裂、1960年代後半の世界的学生騒乱を経て「大学大綱法」、そしてEU（ヨーロッパ連合）の結成をへて「現代の大学」へと改革の系譜を跡づけた『大学改革の系譜～近代大学から現代大学へ』（東信堂　2016年　以下『系譜』と略記）

これら3冊をドイツ大学史三部作と位置づけている。それらを個々に語ることにしよう。

まず年代順に『ドイツにおける大学教授の誕生』から語ることにする。

（1）『誕生』

『誕生』のねらいは三つあった。その1は、ドイツにおいて正教授がいかなる過程をへて成立し、どのような随伴現象を引き起こしたのか、その2は、正教授職の成立およびその随伴現象は、いかなる歴史的影響をその後のドイツ大学に与えたのか、その3は、これらの考察を基礎として、中世から現代に至るまでのドイツ大学の歴史を統一ある全体として把握する視点を獲得すること、これらの三つである。このような問題設定のもとに、ドイツの大学教授職の本質に迫ろうとしたのであった。

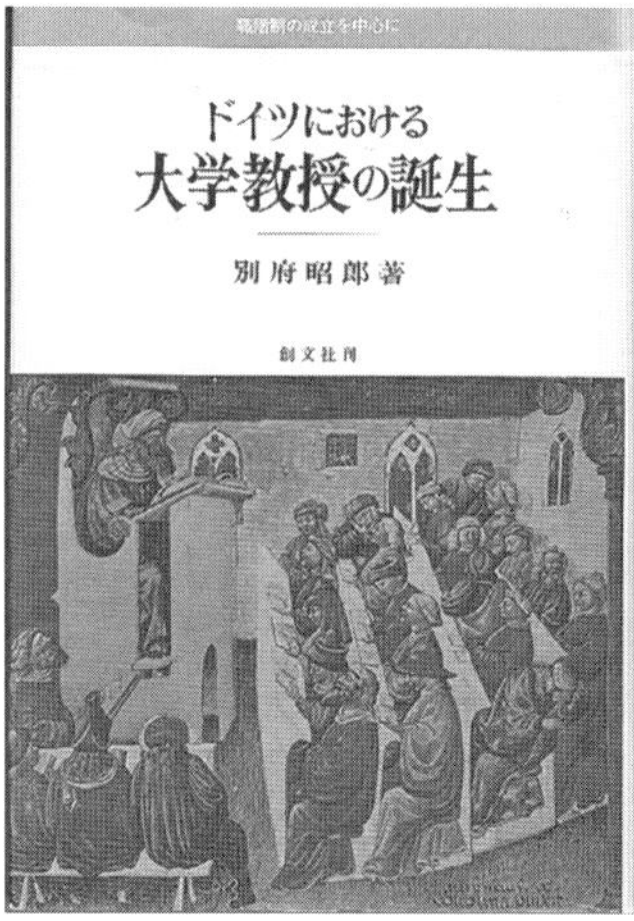

本書は、以下に述べるように、「書評」に恵まれた。

まず『大学史研究』（第14号　1999年3月）では、岩田弘三氏（当時武蔵野大学教授）と望田幸男氏（当時同志社大学教授）との二人の書評が同時にでた。岩田氏は「この本は、（中略）大学史研究会が生んだ金字塔の一つであり、われわれが範としなければならない成果であることだけは、確かである。」と書いてくれている。望田幸男氏は、内容紹介・書評は他所で多数なされるであろうから、「本書によせて読後感的な『私評』を綴らせてもら」うとして、幾つかの個人的な感想を述べている。

増井三夫氏（当時上越教育大学）は『教育学研究』誌（第66巻第2号　1999年6月）で、「研究史と第

一次資料がきわめて制約されているにもかかわらず、16世紀以降のドイツの大学史を大学の内部機構から構築した貴重な成果である。さらに本書は近代的知と学の制度史でもあり、この分野の今後の発展にとってても重要な一書となるものであろう。」とコメントされた。

『歴史学研究』（青木書店　№７２５　１９９９年7月）でも寺田光雄氏の書評で取り上げられた。本会会員の吉村日出東氏は「反論を書くほど悪い書評ではない」と言ってくれたが、私は中世から現在に至るまで「大学の組織構造は、いくつかの点で多少の変化をした。しかし、基本的には同一性を保持しつつ今日に至っている。」と本書で述べ、大局的見地から同一性（大学評議会、学部の会議、学長、学部長、講座など）の追求へと向かった。しかし、氏は「いくつかの点で多少の変化」の方に拘泥し、シェルスキーなどを援用し、学問の細かな変遷を言い立ててきた。私は、大局的な歴史観がないと判断したので、それを正す意味で反論を書いた（№７３０　１９９９年11月）。氏は、われわれがやっている研究会のメンバーだったが、反論以降来なくなった。これは事実である。自分が正しいと確信しておれば、堂々と私と論争すればいいいではないか。

明治大学文学部の日本史の大家木村礎先生からは、「反論なんか書くものではない。書評で取り上げられるだけで、その本の価値はあるのだから、反論は書くべきではない。僕は書いたことがない。」とアドバイスを受けた。それ以来、木村先生のアドバイスを受け容れ、言いたいことや誤解があっても、私は反論を書かないようにしている。

日本ドイツ学会の紀要『ドイツ研究』（第27号　１９９８年1月）でも書評として取り上げてくれた。評者は三輪建二氏である。氏は「著者は、文学・エッセイの愛好者であり、しかもひょっとして、ドイツ文学以外の文学書をも好んで読まれているのではないか」と書いてくれた。嬉しい想像をしてくれるものだと思った。

広島大学の「大学教育研究センター」の紀要『大学論集』（第29集　1999年3月）では今井重孝氏が書評を担当している。氏は、「ドイツにも、大学教師の職階制の成立史を本格的に論究した先行研究はない、と言われる中で、本書をまとめるのは、大変な労力がいったものと推察される」と私の労力に共感を示された上で、「『矛盾する契機の相互規定性』が大学の在り方を根底から条件づけているというのは、余りにも当然すぎる結論のようにも思われる。」と書いておられる。これを読んで私は、「過去のことは研究してみなくては分からないではないか。現在の事象で過去の事象を類推するな。歴史感覚を疑う。」と思った。

『カレッジ・マネジメント』91号（1998年7月）誌では、喜多村和之氏（故人　当時国立教育研究所・教育政策研究部長）は、高等教育にかんする最近の文献紹介のなかで、本書を取り上げ、「戦前期日本の大学教授の原型とも言われるドイツの大学教授を丹念にたどった力作」と書いておられる。

桃山学院大学の紀要『国際文化論集』（第18号　1998年9月）でも、坂昌樹氏が書評「啓蒙の『学識』と『公・私』のヤヌス」のなかで取り上げている。これは、西村稔氏の『文士と官僚―ドイツ教養官僚の淵源―』（木鐸社　1998年）を中心として取り上げているが、『誕生』にも深く言及している。

創文社の雑誌『創文』（№401　1998年8月）では、いい意味で意外であったが、京都大学法学部の教授であった上山安敏氏（西洋法制史）の書評が載った。私は院生時代氏の著書『法社会史』（みすず書房1966年11月）で勉強した経験があったから、「意外」だったとともに嬉しく思った。氏は、ありがたいことに、「構成がしっかりしており、その構成と概要が前もって纏められている。そのことがモチーフの一貫性とともにこの本の特色になっている。」と書いてくださっている。

『史学雑誌』（第108巻5　1999年5月）でも「1998年の歴史学界―回顧と展望―」で本書が挙げられ、「各大学史から素材を集めて宗教改革期を中心として『正教授職』が成立した過程を跡づけた研究であり、この過程は学位を基本とした学内秩序から職階に基づく少数者支配への転換を意味するものとしてとらえられている。」と的確に私の意図をとらえてくれている。

大学時代からの親友の中野和光君は「いつも、18世紀や19世紀のドイツの大学の講座構成を調べていました。正教授何名、私講師何名、といった具合でした。私には、それが、研究としてどのような形でまとまっていくのかさっぱり見当がつきませんでした。1998年に出版された『ドイツにおける大学教授の誕生―職階制の成立を中心に―』を読んだとき、初めてその意味がわかりました。」と書いている。

同じく広島時代の親友である西根和雄君は、「別府君の下宿に行って一番驚いたことは、傘の骨組みの剥き出しになった一本一本の骨に、各大学の学生数、講座数、担当コマ数、などを図表化したものがぶらさげてあったことである。このような作業を長年徹底して、コツコツと、粘り強く続けてきた成果が別府君の博士論文でもある『ドイツにおける大学教授の誕生』や『近代大学の揺籃』に結実したのである。まさに、『一書の人恐るべし』ではなく『一テーマの人恐るべし』と言うことができる。」と言っている。

私信では、明治大学文学部の阪東宏教授（故人、当時西洋史専攻）と大類京子さん（当時大学院生）からも懇切丁寧な書評をいただいた。とくに阪東先生はポーランド史の大家として、尊敬に値する学者であった。

西根君も言っているように、博士号も『誕生』で取得した。原題は『ドイツにおける大学教師の職階制成立史研究』であったが、編集者との話し合いで『ドイツにおける大学教授の誕生』になった。『誕生』が出版されてすぐ、院生時代から『大学史研究会』や「立教のゼミ」で御世話になっている寺﨑昌男先生の住居の白楽駅近くの喫茶店で、「できました。」と言ってお渡しした。そして博士号をとることを勧められた。それまでにも有本章先生から「博士学位を持っていないと一人前ではない」とよく言われていた。紆余曲折はあったが、結局知り合いの教育哲学講座の小笠原道雄教授が私の「ドクトル・ファター」になってくださることになった。広島ガーデンパレスで会い、主査は小笠原道雄教授（博士号保持者）、副査は有本章教授（博士号保持者）ほか2名である。テーマは、『誕生』の原題の『ドイツにおける大学教師の職階制成立史研究』であった。

『日本の教育史学』（第56集　２０１５年）で『揺籃』を書評した藤井基貴氏（静岡大学、教育史学会会員、大学史研究会会員）は「前書『ドイツにおける大学教授の誕生』（創文社、１９９８年）は、16世紀における大学教授の「職階制」の形成過程に焦点をあてて、中世から近代に向かう大学史像を実証的に描き出した労作であり、ドイツ大学史に関心を持つものにとって必読文献となった。」と評価をしてくださっている。

最後に本書のモデルについて一言しておこう。本書のモデルは寺﨑昌男先生の『日本における大学自治慣行の成立』であった。内容素材はドイツ大学史の事象であるが、方法や章構成、問題の立て方などは模範にして、本を作っていった。すると友人の経済学者が僕の本をモデルにして博士号を取得し、本を出版した。私は、「寺﨑先生の学問の精神はどこでも通用する、学問の精神は普遍的だ」と確信した。

(2)『揺籃』

『揺籃』は、3つの部と終章から成り立っている。

第Ⅰ部　理論的前提
第Ⅱ部　個別大学史的考察
第Ⅲ部　総括的考察
終章　近代大学とは何か

歴史の豊かさを減殺しないで、大学史を描くことは至難の技であるが、次のような問題意識・観点を設定して、18世紀のドイツ大学像を描き出すことで可能かと考え、9個の問題を設定した。

①大学史を軸にして、どのような時代区分が可能か。
②どのような大学が18世紀に創設されたか。そして、その特徴はなにか。
③18世紀大学ではどういう学問が教えられたか。この問題

は、これまでとは異なった、どのような新しい学問が出てきたか、また、どのような旧い学問が教えられたか、という問いも含む。

④18世紀のドイツ大学はどのような意思決定機関（学長、評議会、学部長、学部教授会など）をもっていたか。

⑤大学教師には、どのような資質が求められていたか。

⑥18世紀の大学は、いかなる教育目標を持っていたか。

⑦18世紀には、どのような大学論が展開されたか。

⑧近代大学とはなにか。

⑨大学はいかなる方策をもってサバイバルしてきたか。

これらの問題設定に対して、可能な限りそれぞれに回答を与えたのが本書である。

本書に対しては、私が知る限り、『教育学研究』、『日本の教育史学』、『大学史研究』の三誌が書評で取り上げてくれたほか、数名の方々から私信をいただいた。

『教育学研究』（第82巻第2号　2015年6月）で広島女学院大学教授の松浦正博氏が書評で取り上げてくれた。氏は「実に、見事な18世紀ドイツ大学全体の鳥瞰図である」と褒め称えた上で「私講師の認定には領邦国家からの統制という要因のほうがより強力に働いたのではないか。」と疑問を呈しておられるので、私は最初はそういう説のドイツ大学史の本があるのかと思ったが、そうではなくて、私の書き方がまずくてそういう誤解を生みだしたらしい。私講師が自然発生的でないカトリックの領邦では初期に国家の承認を必要としたけれども、ドイツ大学の全体的トレンドは、自治団体としての大学のもとに置かれたのである。そうでなければ、19世紀の終わりに「私講師処分法」（通称アロンス法）が出来るのは論理的矛盾になってしまう。

最後に松浦氏は「本書と前書の二書をふまえて、今後、著者が18世紀以後のドイツ大学をどのようにとらえ、描かれるのか期待しつつ待ちたいと思う。」と書いておられるが、「18世紀以後のドイツ大学をどのようにとらえ、描かれるのか」という問題を設定しておられる。その問題への私なりの答案が『系譜』のつもりである。

『日本の教育史学』（第58集　２０１５年）では、前述の静岡大学の藤井基貴氏が書評の労を執られている。氏は、「本書では、教会権力と密接な関係にあった宗派大学が領邦国家の管理統制下に組み込まれていく18世紀を対象として、大学組織の細部に入り込んだ歴史的事実の解明を進めており、その精緻かつ広範な分析は「大学の近代化」の内実を鮮やかに浮かび上がらせている。（中略）本書の研究成果は、大学（史）研究にとどまらず、すでに近代思想研究の領域でも参照されており、新たな知の基盤を提供している。」と私の研究意図を的確に把握していてくれている。

さらに、「本書は近代大学が持つべき指標を丁寧に抽出しつつ、これをさらに裏付け、発展させるための学際的な領域として後進に研究への扉を広げてくれた。本書に示された著者の実証的かつ禁欲的な歴史叙述が、知の豊かな共同作業を生み出すプラットフォームを我々に用意してくれていることは確かである。」と教育学を含む他の学問領域のベースになることも期待してくれている。

『大学史研究』（第26号　２０１７年12月）では木戸裕氏が拙編著『大学再考』とともに氏の人間味溢れる論評をしてくれている。『大学再考』は、私の編著ではあるが、寺﨑昌男先生（会員）、児玉善仁会員

（故人）、玉井崇夫氏（当時明治大学文学部教授）、永田雄三氏（当時明治大学文学部教授）、立川明会員（国際キリスト教大学名誉教授）、吉村日出東会員（埼玉学園大学教授）と、明治大学人文科学研究所から研究資金を獲得して、日本が大学を導入した時期のフランス・イギリス・アメリカ・トルコといった各国の大学の在りようを、比較研究したものである。

ここでは、『揺籃』だけに話を限定して、先に進めよう。

木戸氏は、「大学史を学ぶことの意義と重要性を改めて認識させる書物である。」と本書の意義を認めた上で、「しかし今日の大学に求められているのは、大学によって生み出される「知」が、現代社会の様々な枠組み、諸条件のなかで、どのような意味を有しているかということではなかろうか。換言すれば、「知」の生産を意味付けているその価値について社会に向けて説明できること、そこに大学の存在意義、社会的使命もきせらるのではなかろうか。」と大学の社会的存在意義を問うておられる。

私信では、多くの人々から、評をいただいた。そのなかから幾つかを紹介しよう。

『揺籃』の感想として、明治大学法学部の村上一博教授は「僕もいつかはあのような学問的香りのする学術書を書いてみたい」とメールをくれた。師と仰いでいる寺﨑昌男先生（東京大学名誉教授、本会名誉会員）からは「今回の御文章は大変落ち着いた印象があります。丸山眞男の態度との対応も大変面白く、別府さんの別の面を見た思いです。」とハガキがきた。また私の「ドクトル・ファアター」である小笠原道雄先生（広島大学名誉教授）からは「大学史研究の先達、皇至道先生の大学史研究、更には現地での体感的な大学史研究の横尾先生を超えた本格的な大学史研究ですね。」とたよりをいただいた。

安井教浩氏（当時長野県立大学准教授）からは、「本書を読み通して、古の時代を『大学の自治』『学問の自由』が謳歌された時代として理想化しつつ、現在の大学の在りようを蔑むような態度は、実は根拠のないもので、大学とは、状況こそ異なれ、時代を問わず国家とのせめぎ合いの中で自治や自由を確保しようとしてきた存在なのであって、『大学の自治』や『学問の自由』についても、現代においては現代なりの再定義・再解釈が必要なのであろう、とも考えたりしました。」と書いた長文の手紙が来た。「大学の自治」や「学問の自由」についても、現代なりの再定義・再解釈が必要なのであろうという考えは私の考えとぴったりと一致する。

その上、仏教大学紫野キャンパス教授の野崎敏郎先生からは、「ラントと大学」をはじめとして「哲学部の変容」や「私講師概念」などについての私の研究を評価する丁寧な手紙がきた。「世の中の人に私の大学史を理解してもらおうと公刊するが、それを理解してくれる人が誰一人いなくたって、私はそれに甘んじよう」と私は書いたが、それに対して、「少なくとも一人熱心な読者がいるということを、ここにお伝えします。」と書いてくれて、私の意図をよく読みとってくれていると心底喜ばせてくれた。

本会のメンバーの早島瑛会員からは、本書117頁の大臣モンテゲラスは、日本語でモンジェラというので、次版で描き直した方がいい」とアドバイスをいただいた。私は世良晃志郎氏のハインリッヒ・ミッタイスの『ドイツ法制史概説』（創文社　1971年）の翻訳でモンジェラと呼ぶのは知っていたが、モンテゲラス（モンジェラ）はドイツ・バイエルンの政治家であり、ドイツの研究者がモンテゲラスと呼んでいたのを知っていたので、そう書いた。次版では「大臣モンテゲラス（日本ではモンジェラと書かれることが多い）」と描き直そうと思う。

(3)『系譜』

本書『系譜』は三つの部から成り立っている。

第一部は「ドイツにおける近代大学の成立」と題し、四つの章で構成されている。

第二部は「古典的大学の創設と変容」と題し、五つの章で構成されている。

第三部は「大学大綱法施行とボローニャ・プロセスの時代」と題し、四つの章で構成されている。

そして、私が『教育史学会』におけるシンポジストとして発表した二つの論を付論「歴史に学ぶ」として、付けることにした。

私の知る限り、『教育学研究』と『IDE現代の高等教育』に書評が掲載された。

『教育学研究』(第85巻第1号　2018年3月)では羽田積男氏(当時日本大学教授　本会会員)が書評をしておられる。羽田氏とは、1974年氏が四国の大洲のセミナーで、スイス出身の学者ブルンチュリ(Bluntschli, Johann Kaspar, 1808-1881)の大学論を発表して以来の知り合いである。それは、『明治前期におけるドイツ大学観の導入について＝国法汎論の大学史上の意義』として『大学史研究通信』第8号に掲載されている。

羽田氏は、「本書は、あたかも交響曲のように主題が繰り返され、時代に添って変奏されていく。大学教師、学部、学問分野、学位などの主題は一貫している。これらの主題の変奏を重ねて、近代ドイツ大学から現代ドイツ大学へと改革をすすめる系譜を明らかに奏でてみせた。」と音楽になぞらえて表現している。

その上、「著者のドイツ大学への敬意とその実証的大学史研究は、わが国のこの分野の研究へ大きく貢献している。本書は、著者の研究の集大成の一冊である。」として、私のドイツ大学史への取り組みと本書の研究史上の位置を評価してくれている。

『IDE現代の高等教育』（Vol．595　2017年）では研究仲間の長島啓記氏（早稲田大学教授）が書評しておられる。

氏は、「古典期の大学における講座は「一人一講座」であって、明治期に導入された帝国大学の講座制とは異なることに注意を促している。われわれがドイツの大学をみるときの思い込み・誤解に対する指摘であり、大学の定款や法律、講義録等を渉猟してきた筆者ならではの言である。」と私の研究意図をよく理解してくれている。そして「過去の歴史を踏まえての、これからのドイツの大学の展開に関する知見を期待したい。」と書評を結んでいる。

『教育史研究の最前線Ⅱ―創立60周年記念』（六花出版　2018年5月）に『系譜』は『揺籃』の「続編である」（207頁）と一言書いてあるのを読んで、ここを書いた人は『系譜』をよく読んだのだろうかと疑問が湧いた。「続編」としか読めないのは、時間的に先行する作品があるから後に続く作品もそうだろうという粗雑な思考に起因するとしか言いようがない。羽田積男氏は「近代大学から現代大学へどのように変遷してきたのかという問題意識のもとに本書を構成」したと的確にとらえている。私は、両作品をそれぞれに異なった問題意識で書いたのである。『系譜』は断じて「続編」ではない。40周年記念誌と『教育史研究の最前線Ⅰ』を書いた経験から言えば、手短な文章で的確に表現しなければならない。同文の載っているパラグラフは字数が十分に余っているのだから、字数が足りなかったというのは言い訳にならない。木村礎先生のアドバイスを破ることになるが、教育史学会員全員の歴史認識にかかわるから、敢えて言及した。

私信について言えば、対馬達雄氏（秋田大学名誉教授　『誕生』を出版するに際して出版に仲介の労をとってくれた）は、本書277頁の最後のパラグラフにかんして、ドイツでは徴兵制は2011年以降停止されているという重要な事実を指摘してくれた。私は徴兵制の停止までは触れていなかったからである。そして、私が現在のドイツの大学をどう見ているか共に語りたいと申し添えてあった。長島氏の意見と通底していると思った。

東信堂社長の下田勝司氏からは、「最近（中略）薄っぺらなものが多い中でとても本書は叙述が深く、包括的でリアルです。見習うべき本になると思います。」と励ましのメールがきた。編集に従事している人からメールがくるとは珍しいことである。

「あとがき」に「定年退職の時期に会わせて出版しようと思っていたが、諸般の事情で退職後の出版になってしまった」と書いたが、明治大学教職課程で同僚教授であった高野和子さんは「定年退職の後で出版したことが良かったのではないか」と言われた。退職の後も「大学史」の勉強をすると宣言していたから、その事実を内外に示す意味があると考えられたのだろう。

私自身が、間違いではないが、書きすぎだと思った箇所（本書314頁）もある。農業は総合大学（Universität）には入っていないと書いた箇所である。ベルリンやボン、ギーセンの大学は農学部や獣医学部を置いている（本書206‐207頁の表参照）。リービッヒ（Leibig, Justus Frei-herr von）の化学実験室では農薬や化学肥料も作られた。ハーバー（Haber, Fritz）博士は、後にナチがその毒ガスからチクロンBを作り、同輩がのちに大量に殺されることになるとも知らずに、第一次世界大戦中に毒ガスを作った。したがって、農学が総合大学（Universität）に入ってきた歴史的理由は、確定的なことは言えないが、農学と化学とは近い関係・親和的であると考えられていたのではないか。

さて、ここでこれまで述べてきた書評（私信を除く）と反論の掲載誌と出版社を分かりやすくするために、一覧表にして示しておこう。

書評者氏名	対象	書評紀要・雑誌	発行年	発行所
喜多村和之	誕生	カレッジマネジメン91	1998年７月	リクルート
上山安敏	誕生	創文　No.401	1998年８月	創文社
三輪建二	誕生	ドイツ研究　No.27	1999年１月	日本ドイツ学会
岩田弘三	誕生	大学史研究　14号	1999年３月	大学史研究会
望田幸男	誕生	大学史研究　14号	1999年３月	大学史研究会
今井重孝	誕生	大学論集　29集	1999年３月	大学教育研究センター
増井三夫	誕生	教育学研究　66巻２号	1999年６月	日本教育学会
大内宏一	誕生	史学雑誌　108編５号	1999年５月	東京大学文学部内「史学会」
寺田光雄	誕生	歴史学研究　No.725	1999年７月	青木書店
坂　昌樹		国際文化論集　18号	1998年９月	桃山学院大学
別府昭郎	誕生書評への反論	歴史学研究　No.730	1999年11月	青木書店
松浦正博	揺籃	教育学研究　82巻２号	2015年６月	日本教育学会
藤井基貴	揺籃	日本の教育史学　56集	2015年10月	教育史学会
木戸　裕	揺籃	大学史研究　26号	2017年12月	大学史研究会
長島啓記	系譜	IDE　高等教育研究 Vol.595	2017年11月	民主教育協会
羽田積男	系譜	教育学研究　85巻１号	2018年３月	日本教育学会
松浦良充	揺籃・系譜	教育史研究の最前線Ⅱ	2018年５月	教育史学会

3　三書を貫く方法論上の問題

①事実を基にしてものを言うという考えを徹底して実行した。私は歴史的事実を調べて書く学舎・研究者でありたいと思っている。事実無しでは歴史は書くことはできない。しかし事実を並べ立てただけの素朴実証主義でも歴史は書けない。それに陥らないように、私自身の学問的価値観・歴史を見る目の形成に努めている。しかも、形成に勉めながら、私の価値観が生の形で叙述の表面に出ないように工夫している。歴史的叙述と価値判断の区別を私なりに徹底して実行しようと思っている。

このように事実を基にしていくという考えを貫くと、「日本書紀」や「古事記」は、歴史学的に事実として実証されていない叙述を多く含んでいるので、歴史で教えるべきでなく、文学あるいは神話であつかうべきものであると思う。教育勅語も、歴史上実証されないことが書いてあるから、個人の精神や行動を律する規範にするのは教育上問題がある。

学問の対象は万人に開かれていなければならない。歴史学は正確なデータや史（資）料を考察の基礎材料とする。だから公文書の改竄や裁断・廃棄や資料隠しは最大の敵となる。

どうしても推測で書かざるを得ないばあいは、それと分かるように、「推測だが」、「私の個人的考えだが」と断って書くようにしている。

②個々の個別論文の段階でも科学的合理性を基礎とする知識の「生成」と「伝達」ということを第一の目的として書いている。

科学的な主張は、「事実や実験データ、観察データに基づいてものを言う」、「事実、実験データ、観察データを基にして解釈・知見を組み立てる」ということに立脚している。大学史学も例外ではない。主張が、事実やデータに立脚していなければ、合理的、科学的とは言えない。論文の構成は、自然科学の領域であっても、社会科学の領域であっても、全体の構造は、ほぼ同じと考えてよい。

たいていの論文では、自然科学・社会科学・人文科学を問わず、どの領域でもまず冒頭に「問題の設定」、次いで「研究方法」、第三に「研究結果」、第四に「考察・議論」、第五に「結論」を置く（田中潔『実用的な科学論文の書き方』裳華房　１９９６年３月　追補第６版３刷、11〜14頁）。

そこで、私は私なりに工夫をして、第一に問題の性質、問題の範囲、研究の意義、動機などや研究方法を述べた。第二に「設定した問題を得られた歴史史料やデータ、事実で解く段階」になる。このばあい、自分にとってやりやすい問題からはいった。問題を解いている途中でも、データが足りないと感じたら、文書館を再訪したり本を読んだりして、史（資）料を補った。第三に通常一つの問題に一つの章をあてたが、問題が多ければ、章の数は多くなる。そして最後に第四として「結論」とか「おわりに」を持ってきた。設定した問題への回答や研究結果の考察・検討、考察の結果得ることのできたことを盛り込む。それらは普遍的な性格を持っている必要があると思う。

もっとも、最近では、英語論文の影響もあって、論文の文頭（緒言や問題の設定）の前に「最も言いたいこと」が置かれることが多い。この論文が何を言わんとしているのかが、真っ先に分かる仕掛けになっているのである。判決でいえば、主文である。主文で有罪か無罪か、有罪であれば執行猶予がつくか否かすぐ分かる構成になっているのである。

③論文を書くとき、「先行研究」の研究は徹底的におこなう。論文は、随筆でもなく、他人がやった

ことの後追いでもなく、習作でもなく、誰もやっていないことを研究するものだからである。だから「誰が、どういうことを、どこまでやってあるか」をあらかじめ知っておくことは、不可欠である。先行研究をやっていない論文は研究とは呼べない（ばあいが多い）。

先行研究を徹底的にやると「よい問い」ができる。「よい問い」は「よい答え」に勝るとよく言われる。しかし「よい問い」ができても、史料・データがないと問題を解くことができない。

④個々に書いた論文を一冊の本に纏めるとき、それらを貫き一冊の本に纏められる太い歴史論理・問題意識が必要である。本を纏めるとき、かつて書いた論文を換骨奪胎し、足りない部分を書き下ろした部分とを組み合わせる。そのばあい、旧論文を換骨奪胎した部分と書き下ろした部分をどういう論理でつなぐかに頭を悩ませるのは当然だろう。そこが、腕の見せ所だと思う。今でも覚えていることだが、たとえば、一番頭を悩ませたのは、『誕生』の終章「ドイツ大学の歴史的性格—「公」と「私」のアスペクトから」であった。これは広島大学大学教育研究センターの紀要『大学論集』に書いたもので、私なりに捨てがたく思っていたので、何とか組み込みたいと思っていた。一時期本に採用することをあきらめたこともあったが、結局纏めの意味で終章に組み込むことに決心した。おかげで全体の座りもよくなった（と思う）と自画自賛している。

⑤「概念」はできうる限り既存の歴史学や大学史からとるようにしている。どうしてもないばあいには、自分で作らざるを得なかったが、そのばあいも事実を基に作成する。事実から離れないように勉めている。

⑥ドイツを研究していてもアメリカを研究していても同じだろうが、「個別の大学で当てはまる個別

的真理は全ての全大学で当てはまるか」という問題にも直面した。特に「哲学部の分裂」、「ハビリタツィオンの導入」、「ラテン語からドイツ語へ」という現象には個別大学ごとに時間的差異があって、頭を悩ました。時系列で考えれば、いずれ、全てのドイツの大学で起こる現象であるから、時系列に沿って歴史的事実を並べて考えていく考え方をとらざるを得なかった。

⑨また、表現上の工夫としては、読者が理解し易いように各部の冒頭部に「解題」を付し、各章の要約や私の問題意識などを書いた。それが成功しているか否かは読者の判断に待つしかないが、羽田積男氏が評価してくれているから、安心していいのだろう。

4　心構え

①私は意識的にドイツ大学史を「ホーム・グラウンド」にしている。最初からホーム・グラウンドにすることを目指してきたわけではないが、学部・大学院生のときからドイツ大学史に取り組んできたから、自ずとドイツ大学史が「ホーム・グラウンド」になっていった。ホーム・グラウンドとは、自分がよく知っていて、自分の学問的故郷となっている学問領域のこと、困ったとき帰ることのできる学問領域である。ものを考えるとき、土台になるものである。大学史を含む学問というものは、「ホーム・グラウンド」をもっている個々の人が、次々に受け渡して成り立つのものである。

夏目漱石は18世紀のイギリス小説とジェイン・オースティンをホーム・グラウンドにしていたと言われる。鷗外、石川淳などもそれをもっていたと聞く。私の尊敬する学者丸山眞男先生のそれは福沢諭吉だと言われている。

私のばあい、ドイツの大学史を見た目で、日本の大学史や明治大学史を考えている。自分の教授職さえ考えることもある。大学史以外でもＮＨＫの大河ドラマを見るときも、司馬遼太郎の歴史小説を読むときも、ドイツ大学史の事象をバックにして考えている。思い出す興味深い事実がある。明治大学史を互いに勉強しているときのこと、渡辺隆喜先生が「嘉永６年ペリー浦賀に来る」と言われた。すかさず中村雄二郎先生が「嘉永６年は西暦で言うと何年ですか」と聞かれたのである。渡辺先生は日本史がホーム・グラウンドであり、中村先生はフランス哲学がホーム・グラウンドである。両先生とも自分のホーム・グラウンドで、明治大学にかんする歴史事象を理解されていることがわかった。

②私は普段は歴史を勉強している。歴史と現代はメダルの両面であり、現代を理解するためには過去を知ることが必要であり、歴史をよく理解するためには現代のことを知らなければならないと考えているが、実際に現代のドイツの大学のことを勉強してみると、歴史とは異なった難しい点があることに気づかされた。歴史と現代は不可分とよく言われるが、『系譜』の第三部では「歴史の方から現代の大学を見ている。「歴史から現代」を見た景色と「現代から歴史」を見た景色は決定的に違うと思う。よく現代を論じた本や論文で申し訳程度に歴史に触れているのを見かけるが、捉え方が異なっていると思うばあいが多いので、「歴史から現代をみる」べく勉めた。歴史を知らないと、自分が初めて発明した方法だと勘違いして、○○メソッドとか○○方式とか称している。笑うべきことと言わなければならない。

⑩３冊を纏めているとき念頭にあったのは、黒沢明の映画、とくに「隠し砦の３悪人」、「七人の侍」、「用心棒」であった。何故念頭に置いたかというと、黒沢明は、「粘り強い」とか「簡単に妥協しない」

とか「心ゆくまで頑張る」とかいう態度で映画を作っており、私も本を作るに当たって、粘り強く、簡単に妥協せず、心ゆくまで頑張ってみたかったからである。しかし妥協してしまった気持ちもあるので、徹することができなかったという自己反省もある。

5　自分で自分の作品にケリをいれる

傷はいくつかあると思う。一般的に言えば、論文を読むとき、それには何が書いてあるかということはもとより大切であるが、何が書いてないかに留意して読むと収穫が大きい。私の作品には書かれてない重要な領域がある。私の三作品は三つとも『教育学研究』の書評に取り上げられて、学会で一定の評価を受けたとは言え、書いていない領域もたくさんある。例をあげると、領邦の収入にしめる大学予算の割合、領邦全体の官僚制の組織図における大学教授の位置、大学全体の予算額と使い方、教授の日常生活、授業の具体的な内容、大学評議会や学部教授会での具体的な審議内容、学生の具体的生活（『揺籃』で少し触れられているとは言え）などに触れていないではないか。学生なき大学史と批判されても仕方がない。

総じて言えば、私の研究は、これまで知られていないことを明らかにしたが、レントゲン写真のようなもので、せいぜい骨格は分かっても、血や肉、精神まではとらえられていない。しかも我が国の大学をどうするかという問題につながってこなければ、研究の意義は奈辺にあるかと問われても仕方がないような気がする。

これらの問にたいする私の答えもあるが、自分の研究にたいする自己反省だけに留めておこう。

6　カバーと冒頭の引用

私には本を作るさいに、内容の部分は当然として、別に二つのこだわりがあった。カバーと冒頭の引用である。書評では、当然のことながら、内容に触れられることは多いが、カバーと冒頭の引用に言及されることは少ないので、それらにも筆者の立場から触れておこう。

(1) カバー

『誕生』と『系譜』のカバーについては、個人的にとくにこだわった。しかし『揺籃』は出版社まかせにしてしまった。デザイナーにすれば言いたいことがあるだろうが、著者の私からすれば何の芸もないカバーである。自分でやるほうがいいと思った。

①『誕生』については、二つの絵はなにがなんでも使おうと思っていた。カバーの絵と「学者」の絵である。

まずカバーを見ていただきたい。先生が座っているのがカテドラであって、大学史専門用語の「講座」の語原となった言葉である。一番前に座っている学生は熱心に先生の話を聞いたり、本を見ているが、後ろに座っている学生はお喋りをしたり、眠ったりしている。現代の学生と変わらない、同じだなぁと感慨が湧いてくるのは私だけであろうか。

「研究に余念のない学者」の方は、学者たる者、子どもが騒いでも、奥さんが若い男と色事をしても、かき乱されてはいけない、という姿を示している。学者の理想像であろう。

これら2枚の絵と後述するWortspiel（言葉遊び）はユーモアと受けとった人もいた。そういう受け取り方もあり得るだろう。

②『系譜』

２００９年8月から２０１０年1月一杯エアフルト大学の“Internationalbegenungszentrum”（国際会館）に住んだ。ここはフンボルト財団の所有で、大学が管理する、外国から招聘された研究者の宿舎であった。１５３６年に建てられ、かつてエアフルト大学の一部であり、製本を担当する人たちがいたと言われている。「巨大なノアの方舟と天使の居城の家」という大仰な名前がついていた。そこに住めたのは、ミュンヘン以来の友人で、エアフルト大学に勤務するハンスケ氏（Peter・Hanske、現テューリンゲン州文部省）の尽力によるものである。

住居の近くにエアフルト市の市役所があった。そこのホールに絵が掲げてあった。それを『系譜』のカバーに採用した。エアフルト市の年代記（Chronik）によると、この絵は１８７６年から１８８３年にかけて、ペーター・ヤッセン教授が描いた、エアフルト大学のシンボル的絵である。エアフルト大学が

子どもが騒いでも，奥さんが艶ごとをしても，研究に余念のない学者
（ハンス・ソランクの木版画，1518年）

廃止中に描かれたことになる。カバーの左奥から説明すると、教養（哲学）をH・E・ヘッスス（Helius Eobanus Hessus 1488-1540）が、神学をM・ルター（Marin Luther 1483-1546）が、象徴している。『系譜』の裏のカバーは、法学をH・ゲーデ（H. Göde）と医学をA・R・デ・ベルカ（A. Ratingk de Bercka）が象徴している。

そのカバーの件で、前述の高野和子さんからは「すてきないい絵です。」という趣旨の好意的私信に、氏がイギリスの"Public Record Office"の売店で買ったというAnthony Gilbert（1916-1995）の絵カードが添えてあった。

(2) 冒頭の引用

『誕生』：引用について言えば、「まえがき」に、ドイツに"Ein ordentlicher Professor hat noch nichts Außerordentliches geleistet, ein außerordentlicher Professor hat noch nichts Ordentliches geleistet."（正教授はいまだ卓越した業績をあげていない教授のことであり、員外教授はいまだ普通の業績をあげていない教授のことである。）を引いた。ドイツ語では、ordentlichという言葉は、「正規の」という意味のほかに「通常の、普通の」という意味を持っており、außerordentlichという言葉は、「定員外の」という意味のほかに「卓越した」とか「尋常でない」という意味がある。それぞれの言葉が二つの意味を持っていることをうまく使って駄洒落を言っているのである。

この言葉は、ミュンヘンで仲の良かったP・ハンスケさんに教えてもらった。同じ言葉をテュービンゲン大学でも正教授から聞いたから、大学教師のヒエラルキーに関心を持っている研究者の間では膾炙しているのだろう。

「あとがき」には、ゲーテは、『ファウスト』第2部の終わりにおいて「永遠にして女性的なるもの、われらを引きて昇らしむ」と言ったのを引用している。それは、私にとっては、「歴史的なるもの、われらを引きてのぼらしむ」という意味に置き換えることができる。まさに、歴史は単なる過去ではなくて、われわれの目前の学習材料と今でも思っている。歴史を知らないと、大変な恥をかくことになる。

②『揺籃』においても、『誕生』と同じく「ファウスト」からと森鷗外から引用した。

ファウストからは

「ああ、これでおれは哲学も、
　法学も医学も、
また要らんことに神学までも、
容易ならぬ苦労をしてどん底まで研究してみた。
それなのにこの通りだ。可哀そうにおれという阿呆が。
昔よりちっとも利口になっていないじゃないか。
マギステルだの、ドクトルだのとさえ名のって、
もうかれこれ十年ばかりのあいだ、
学生の鼻づらをひっ攌まえて、
上げたり下げたり斜めに横に引回してはいるが――」

（ゲーテ　相良守峯訳『ファウスト』岩波文庫）

ここを引用したのは、当時の「学問的知」が哲学・法学・医学・神学の四つ学問領域から得られると考えられていた。これらはまさに学部の名前でもあった。そして19世紀の前半までは、ドイツの大学はこれら四つの学部から成り立っていたのである。しかもマギステルやドクトルという学位さえ出てくるからである。

私はゲーテの『ファウスト』のドイツ語原文と森鷗外、相良守峯、高橋義孝、池内紀、小西悟、荒俣宏の訳というように翻訳を6種類持っており、読み比べてみた。原文にある Magister 及び Doctor（当時はこう書いた）が明確に分かるのは鷗外訳と相良訳であったが、鷗外訳は旧文体と旧字体で書いてあるので、相良訳を採用した。

この部分はサッカー部長を引き継いでくれた文学部英文学専攻の教授越川芳明氏は「大学教育をめぐる研究書の冒頭部で、こうした逆説の文章を引く別府先生のユーモアのセンスはただものではない。そこに私は好感を持った。普段は、九州男児らしく頭が固い硬派の男のように見えるかもしれないが、意外と柔軟なところもあるのだ。」と文学者らしいコメントをしてくれた（私家版『尚志の士魂～紫紺に映えて』86頁）。

さらに、第Ⅲ部第3章第5節（本書253～254頁）でも、ファウストに扮したメフィストーフェレスが新入生に言う言葉を引用しているから、主観的にも客観的にも、ゲーテの小説が好きなんだと思う。ただ新入生がメフィストーフェレスに言う言葉が、原語のドイツ語は同じ“Leidlichem Geld”なのにもかかわらず、森鷗外は「学資もかなりあります」と訳しており、相良訳は「学資も相当にありますし」となっており、高橋義孝訳は「学資も多少は用意があり」となっており、小西悟氏は「少々金もありますし」と訳しているのに対して、池内紀氏は「ふところはさびしいですが」と訳している。鷗外や相良、高橋、小西に従えば、学資は、相当か多少かは問わないとしても、あることになる。池内訳に従えば、さびしい、ほとんどないことになる。

どちらにするか迷ったが、この部分にかんしては、高橋訳をとることにした。

理由は1725年頃描かれた絵である。当時大学に入ってきたのは、王侯貴族か裕福な市民の子弟、カントやヘーゲルのように貧しいが能力ある奨学金をうけた者であった。だから「相当ある」のでもなく、「さびしい」のでもなく、「多少ある」にしたのである。

荒俣宏氏の訳は、論ずるに値しない。英語版からの重訳であるし、第1巻しかないからである。専門書に引用すべきものではない。買ってしまって「マズッタ」と思ったが、授業料として諦めることにした。

全くの余談であるが、私の精神史と深い関係があるので言及するが、『ファウスト』第一部夜のファストの独白に「世界をその最も奥深いところで統べているのも」（相良訳）という表現を見いだした。大学二・三年の頃「世界をその最も奥深いところで統べているのも」をつかみたいという欲求が私にもあって、「世の中の有名人の中にも同じことを考えた人がいるのだなぁー」と不遜にも思った記憶がある。いまではそんなものは在っても、

新入生

凡夫の力ではとうていつかみ得ないと思っている。

その他、森鷗外からは、

「わたくしは史料を調べて見て、その中に窺われる『自然』を尊重する念を発した。そしてそれを猥に変更するのが厭になった。(中略)友人の中には、他人は『情』を以て物を取り扱うのに、わたくしは『智』を以て扱うと云った人もある。しかしこれはわたくしの作品全体に渡ったことで、歴史上人物を取り扱った作品に限ってはいない。わたくしの作品は概して dionysisch でなくて、apollonisch なのだ。わたくしはまだ作品を dionysisch にしようとして努力したことはない。わたくしが多少努力したことがあるとすれば、それはただ観照的ならしめようとする努力のみである。」(森鷗外全集第26巻、岩波書店、509頁)を引用した。

これは「歴史其儘と歴史離れ」の一節である。鷗外は小説家(医者でもある)なので、「歴史其儘」と言っても「歴史離れ」をせざるを得ない。会話などは特に「歴史離れ」で書かざるを得ない。「歴史其儘」を観照的に・アポロン的に・客観的に研究・叙述するのが歴史家である。鷗外は、この文の終わりで、『山椒大夫』で「歴史離れ」が足りなかったと言っているのは、小説家の運命なのかも知れない。

『揺籃』の「あとがき」で使った言葉「馥郁と書巻の気が立ち登る」は、林望氏が『高瀬舟』(集英社文庫)の「あとがき」で使った言葉にほかならない。林氏は、「文章がうまくなりたければ、『上手な文章の書き方』という下らぬ本を開くよりも、鷗外の分かり易いものを三読されよ。そして必ず『澁江抽齊』を読まれよ。再読三読、日本語には、こんなに美しい文章があったかと、驚かれよ」という趣旨のことを書いている。

森鷗外の「歴史其儘と歴史離れ」から引用した部分は、マックス・ヴェーバーの「sachlich（客観的）」という考えと通底していると思う。鷗外は歴史家に一番近い作家だと私は思っている。

それにしても、私はゲーテの『ファウスト』と森鷗外がよっぽど好きらしい。『大学史研究通信』の第11号（1978年）に「大学史研究会とわが青春」を寄稿している。そこには『ファウスト』からワーグナーの詞と森鷗外の『妄想』から引用している。36年もたってから、また同じくゲーテと森鷗外から引用しているのを発見して、「三つ子の魂百まで」という俚諺は本当だと思った。

③『系譜』においては、「ハーバード・ノーマン」と「ラシュドール」から引用した。

ノーマンからは、

「ただ煉瓦をむやみに積みあげても家ができあがらないと同様に、事実に関する知識をやたらに並べても歴史はできあがらない。歴史とは本来関連した事実を選びだして、その相互関連を評価することである。」（大窪愿二訳『ハーバード・ノーマン全集』第4巻、191〜192頁）を引用した。

ノーマンは純粋な学者・大学教授ではなく、カナダの外交官である。アメリカでマッカシー旋風が吹き荒れている時、自殺してしまった。私は、安藤昌益を発見した外国の研究者ということを僅かに知っていたにすぎないが、丸山眞男の『戦中と戦後の間』で、彼は優れた歴史研究家であることを知った。

ここにノーマンの文章を引用したのは二つのわけがある。一つは、横尾壮英先生は私たちに正確な事実を収集することを強力に教えられた。学部生や修士コースの学生にはたいした歴史解釈や全体的構成はできないと考えられていたと推測しているが、正確な事実を集めれば学問になる・歴史学になると考える人々を生み出したことも否定できない。先生自身は決してそうではなかったが。

もう一つは、どうすれば歴史になるかと言えば、「相互関係を評価する」とノーマンは書いているが、私は「評価」の前に「相互関係をみつけだし、叙述する」ことが歴史になると考えた。「歴史的事実」は、そのあと「評価」（いい、悪いを判定する）されうると思う。「評価」にかんして言えば、「哲学部の分裂」のあと大学制度を取り入れた日本では、多くの哲学研究者がまったく自然科学を勉強せずに、哲学研究をやっている。これは弊害だと評価していい。カントやヘーゲルも若い頃自然科学の論文をたくさん書いたのに。

ラシュドールからは、

「教会」（sacerdotium）、「帝国」（imperium）、「大学」（studium）の三者を、ある中世の著作者は、調和のとれたその共同によって始めてキリスト教世界の生命と健康の保持される、三つの神秘的な勢力ないし「徳」（virtu）として、一体にとらえている。彼にとってこの「大学」は、その関連した「教会」、「帝国」と同様、単なる抽象概念ではなかった。（ラシュドール、横尾壮英訳『大学の起源』上、東洋館出版社１９６６年、37頁）を引用した。

ここでは「大学」は「教会」や「神聖ローマ帝国」とならんで、一体にとらえられていることである。「単なる抽象概念」でないならば、「教会」は宗教学あるいは教会史で研究するだろう。「帝国」は政治学あるいは神聖ローマ帝国史で研究するだろう。「大学」はヨーロッパでもあらゆる学問分野で研究されているが、「大学史」は歴史学の一分野である。教育学にかぎらず、日本でももっと多くの学問領域の人に研究して欲しい。

もう一つ、ここには引用しなかったが、ラシュドールが言っていることに注目しておきたい。それは

「融通無性」である。大学はたしかにキリスト教世界の産物に他ならないが、仏教圏であろうと回教圏であろうとヒンズー教圏であろうと宗教を問わずどこでも入っていくことができる。

マックス・ヴェーバーの『プロテスタンティズムの倫理と資本主義の精神』にゲーテから、「奈何（いか）にして人は己を知ることを得べきか。省察を以てしては決して能はざらん。されど行為を以てしては或は能くせむ。汝の義務を果さんと試みよ。やがて汝の価値を知らむ。汝の義務とは何ぞ。日の要求なり。」（森鷗外訳）が引用されているのを見いだした。最初読んだときには「学術的な本で文豪からの引用かよ！」とも思った。日本でも、丸山眞男が、有名な「超国家主義の論理と心理」で漱石の『それから』を引用し、「明治国家の思想」という論文で、国木田独歩や漱石の『草枕』、『それから』より引用しているのを見だしたが、既に述べたように、私ものでは『誕生』でゲーテの『ファウスト』から引用している。こういうことを考え合わせると、日本でも、学術論文を書く際に文豪の作品からの引用があってもいいのではないかと思うようになった。

最後に強調しておきたいことは、大学史の考え方・発想や基本用語がほとんど詰まっているラシュドールを、大学を研究している人は、洋の東西、研究対象如何にかかわらず、読んで勉強して欲しい。これは、お願いである。

7　大学史研究会と私（そのⅡ）

先に書いたように、「大学史研究会」は、私にとって、特別な存在意義を持っていた。そこで自己形成した意味は大きいものがある。とりわけ中山茂先生が「大学は学問の組織体である」と書かれたのが私の心に残った。今でも覚えている。それから出発して、「学問とは何か」という問いと「いかなる学問が組織化されたか」という問いは、大学史を勉強する際の導きの糸となった。特に「いかなる学問が組織化されたか」という問いは、まさに「大学史研究会」の問題ではないか。「学問とは何か」という古典的な問いは、あらためて考えてみる価値があると思う。個人的には、西洋の古典古代ではアリストテレス、中世ではトマス・アクイナス、日本の江戸時代では荻生徂徠、明治時代では福沢諭吉、現代では丸山眞男などの検討作業をはじめている。

「大学史研究会」の運営も寺﨑先生のあとを引き受けることになった。古屋野素材氏、舘昭氏、荒井克弘氏、安原義仁氏、阪田蓉子氏、池田輝政氏、中野実氏（故人）、田中征男氏（故人）も一緒である。坂本辰朗氏に、恫喝に近い言辞をもって引き継いでもらうまでの約10年間事務局を引き受けた。その上、2001年に初代編集長として『大学史研究』（第18号）から数号編集し、児玉善仁氏に引き継いだ。この間吉村日出東氏が編集の仕事を本当によく手助けしてくれた。

私が明治大学教育会を創設した際にも「大学史研究会」の思い出は大きな役割を果たしてくれた。教育会の創設動機には三つあったが、その一つが初期「大学史研究会」が持っていたユートピア的性格を、傲慢かも知れないが、明治大学教職課程で実現したいという希望であった。すでに述べたように、私は大学院の学生の時から「大学史研究会」のメンバーであり、そこで学問的自己形成を行ってきたという事実に裏付けられている。まさに、大学史研究会の歴史は私の研究と自己形成の歴史であると言っても過言ではない。

大学史研究会の運営員の一人であった寺﨑昌男先生は「60年代末から10数年の間に生まれた、天与のユートピアのような学術交流コミュニティーの中で、（中略）、『研究者としての青壮年期』を送ったのだった。」と回想しておられる。また当時学部学生であった安原義仁氏（広島大学名誉教授）は、「正直なところ何がそんなに面白くて、あんなに夢中になって討論できるのだろうかと不思議に思ったものです。」と回想している。明治大学教育会の設立総会の記念講演には寺﨑昌男先生に来てもらった。

退職した現在でも、①大学とは何か、②大学はいかにして成立したか、③大学はなぜヨーロッパにおいてのみ成立したのか、④どのような理由で世界中に拡大していったか、という問題を考え続けている。どうしてドイツの大学は学部制になり、イギリスの大学はカレッジ制になったのかという問題は、④の問題のコロラリーである。大学の問題は文明の問題と切り離しては考えることはできない。これらの問題の解決は見果てぬ夢であろうが、生きてる限り夢は見続けたいと思う。

自著を語りつつ、自分の夢まで語ってしまった。

第三章　寺崎昌男著『日本近代大学史』書評

まえおき：寺崎昌男先生の『日本近代大学史』は、「大学史研究会」の創立者の一人の書として、「大学史研究」でまっ先に本格的に取りあげるべき書だと思う。組織としても学問的にも、そう確信する。しかし２０２３年現在取りあげられていない。会員として、学問的にも組織にも不可思議な感じを拭えない。

この小論は『明治大学大学史紀要』第二十七号に掲載された。本書に所収するにあたり、特にⅡの（7）は、分かりにくい箇所を明確にし、伝達性を重んじて語句をかなり補うとともに、誤記をなおした。

この書評を読んだ愚妻が「寺崎先生の好著に寄りかかって、自分の考えを述べている」と言ったことを学問的に興味深く受けとった。小林秀雄が言ったように、書評も、評論と同じく、結局自分の意見を表明するのであると考えていい。小論も、とどのつまり自分の意見を言っているのだろう。

寺崎昌男氏が大著『日本近代大学史』（東京大学出版会　２０２０年6月5日　６６００円＋税）を出版された。「大学史研究会」の創始者の集大成の書として、創設期からの会員である筆者としても大いに喜ばしいし、学問的にも非常に注目している。

かって著者と共に日本教育史研究の先頭の一端を担っておられた佐藤秀夫先生（故人）は、著者の『日本における大学自治制度の成立』が出版されたとき、『大学史研究』創刊号で次のように書評された。「本書は重い本である。重いといっても、A5版348頁、重量をさしているわけではない。論旨明快でありながら、簡単に読み飛ばすことのできない、腰を落ち着けて読むことを読者に求めてくる、そういう意味で重い本なのである。」（146頁）。この言葉は、そっくりそのまま本書にも妥当すると言ってもいい。

さて一般的に言って、本の読み方として二種類あると思う。①書いてあることを忠実にたどって理解する立場、②書いてない領域を見つけだしてそれを指摘する立場の読み方である。①には著者の時代や問題の限定も含まれ、筆者は主に①の立場で本書を読んだ。たとえば、丸山眞男の『日本政治思想史研究』を読んで、伊藤仁齊のあれが書いてない、これが書いてない、と主張する人がいるが、伊藤仁齊研究は、はじめから丸山の問題設定にないことである。だから、①の立場は、著者が設定した土俵で考えることを意味する。②の立場は、よっぽど気をつけないと読む人の学問的力量をも露呈してしまうことになる。

筆者は、本書を通読して、多くのことを学ぶと共に要望・疑問も感じた。それらを、いくつか書いてみよう。もとより単なる感想の域を出るものではない。

何が問題として設定されているのか、慣例に従って、早速章構成をみておこう（章のみを示し、節は「みだし」になっているので省いた）。

第一部　戦前編
　概説
　第一章　移入と模索の時代
　第二章　設計と整備の時代
　第三章　高等教育の展開と大学論・自治論の時代
　第四章　改革と公・私立大学出現の時代
　第五章　高等教育拡張と不況の時代
　第六章　戦時下と崩壊の時代
第二部　戦後編
　概説
　第七章　改革構想と設計の時代
　第八章　改革構想結実の時代
　第九章　四年制大学・短期大学・大学院出発の時代
　第一〇章　新制大学の拡大と紛争の時代
　第一一章　規制緩和とグローバリゼーションの時代

本書を通読して、感じたことを列挙してみよう。

1　学問的方法と叙述

第一に、著者の学問的方法に学ぶべきことを挙げなければならない。

（1）本書を手にして、まず感じることは、①読みやすい、②書いてあることに同意するにしろ不同意であるにしろ、書いてあることが的確に頭に入ってくる、③文章が明瞭である、などの特徴である。

なぜそういうことが可能であるのか。理由はたくさんあろうが、筆者の乏しい能力と経験で解するところでは、著者が、①著者の問題意識と事実とをやりとりする次元、②問題意識に従って、事件・事実の本質を認識する次元、③読者に分かり易く、歴史事象を叙述する次元、この三つの次元を意識的に使い分けていることだろうと考えている。厳密に言えば、①、②、③という三つの次元の根底には、④著者自身の問題意識の次元が横たわっていることは、論をまたない。

このことを論証する挙げるべき例は随所にみられるが、一つだけ実例を挙げよう。13頁に「貢進生」のことが出ている。著者は「若い俊秀を各藩の石高に応じて一人から三人ずつ『差出』させる制度である。」と書き、その根拠となった条文を、次に示している。これは、実は著者が辿った思考の順序ではない。まず、著者は、問題意識を持って条文を読み（①の次元）貢進生の何たるかを知った（②の次元）はずである。しかし本書では、読者が理解しやすいように、③の叙述の次元が一番先に来ている。厳密に言えば、最初は著者は史料としての条文を示すだけである。そこから研究をはじめる。しかし、研究方法（①と②）と叙述方法（③）とは確然と区別されている。研究方法について言えば、著者の問題意識と史料の往復の仕方の奥義こそ若手の研究者の最も知りたいことであるが、それは、柔道や剣道の奥義と同じで、修練するしかないところに落ち着くのではないかと思う。著者のように合理的に事実を処理し、合理的に概念を作り、合理的に叙述したとしても、とどのつまりは、不合理的な修練に行き着いてしまうところに、学問的方法のパラドックスがあるのかも知れない。ここにも、いわゆる合理的なものと不合理的なものとの統一が見られると言っては言い過ぎであろうか。

（2）著者自身の強烈な問題意識を根底に秘め、事実を事実としてタンタンと叙述していく態度には、雪の研究で世界的に著名になった中谷宇吉郎の言う「科学的精神」があるのではないかと思う。中谷は「疑問をもつこと、考えてみること、実験をしてみること、自分が納得すること、次の疑問を出すこと。この順序ですすむことが、科学的な考えを進めることなのである。」と書いている（『科学と人生』河出新書　1956年6月）。

「疑問をもつこと」は著者自身の強烈な問題意識にあたる。すでに言及した（1）の貢進生の例で言えば、「貢進生」とはなんだろうと疑問を持つことである。「考えてみること」は著者の問題意識と条文・事実とをやりとりすることに匹敵する。「実験をしてみること」には注釈が必要である。人文科学や社会科学のばあい、実験をするわけに行かないので、歴史的事実に事例を求めるしかない。「自分が納得することと」は結論を得る、ある歴史的認識に到達することにあたる。「次の疑問を出すこと」にかんしては、一例を示せば、「（大学院問題は）大学基準協会で研究が続けられることとなった。次章では目を転じてその協会の起点を見ておこう。」（313頁）とある。著者は、読者のなかに、大学院についての一定の認識を形成したのち、次の主要問題は大学基準協会であることを予告しているのである。

（3）著者の学問的方法は、あらゆる学問に通用する汎用性を持っている。筆者の体験を基にして語れば、筆者が『ドイツにおける大学教授の誕生』の章構成を考えるとき、参考にしたのは『日本における大学自治制度の研究』であった。白楽の喫茶店で筆者の本をお渡しするとき、「どこかで見た章構成だ」と言われたのを覚えている。その時「似ているはずである。先生の著作をモデルにしたのだから。」と胸臆で思った。「汎用性」という意味は、筆者の友人の経済学者が本を出版して、博士号を取るとき、筆者の本をモデルにしたそうである。筆者は著者の本をモデルにしている。すると、著者の学問的方法はあらゆる学問に通用するものと確信した。この汎用性という特徴は本書にも余すところなく現れている。

（4）著者の文体についても、筆者なりに触れておきたい。今までの書評で「文体」に触れたものが皆無に近いからである。著者の文章は、読むものの心臓を甘美に掴むが如く、一種の味わいがある。

たとえばここに「一五〇年間を一貫して流れていたのは、大学と国家との関係であった。ただしその関係は予定調和的に平穏なものでなく、ナショナルな制度を作り上げていった政府・行政当局の権限との間にしばしば厳しい緊張・対立が生まれた。『大学の自治』といえば若い世代の読者には古めかしい論点かも知れない。しかし過去のものではなく、日本では避けることのできない課題だというのが、著者の見地である。本文の中には戦前戦後にわたって自治事件史を落とさないように記し、また大学外の産業・社会と大学との関係にも留意して、記述した。」（本書　ii頁）という文章がある。

時間の限定、大学と国家との関係、大学の自治、自治事件史、大学と産業・社会との関係というように、研究に不可欠の時間の限定や研究内容が短い文章の中で手短にかつ的確に明らかにされているが、せせこましい印象を与えない。叙述に曖昧さがないし、世代間に格差があっても、いわんとしていることが明瞭に分かる。著者は「自治事件史」というイメージを使っていると同時に次ぎに叙述することへの伏線にもなっている。筆者が強調したいのはイメージを使って、短い文章のなかに多くのことを語っているという事実である。イメージを使って、読者に期待をも抱かせている。自治事件といえば、すぐ滝川事件とか美濃部達吉博士の天皇機関説事件を思い出すが、著者はそれらに限らず、たとえば戸水事件や平賀粛学事件というように、多くの大学の自治事件に触れている。

しかも本文でも事実の扱いは合理的である。合理的な学問的方法で事実を掘り当て、それらを全体的直観力というべきものによって構成し叙述している。それによって、本書は芸術的表現力に近づいているのではないか、と筆者は思う。

各文章の末尾にご注意願いたい。第1と第2、第5の文章は「た」で終わっているが、他は「い」、「る」で終わっている。この表現には、著者は末尾が同じになって単調にならないように工夫したと筆者は考えている。

このように、短い文章で、「時代を限定」し、「内容」を的確に言い表し、イメージを使い、期待を持たせ、文の末尾が単調にならないように、工夫をする。叙述は芸術的表現に近づいてくる。文学の世界のみならず、研究者の世界にも『文章読本』があってもいいように思う。

2　疑問・提案・要望

第二に、疑問・提案・要望である。

（5）『日本近代大学史』の「近代」の意味である。読めば、日本がヨーロッパの大学制度を取り入れた明治以降ごく最近のことまで含んでいることが了解される。日本では、大学史を描くばあい、かなり「近代」という言葉が曖昧に使われていると思う。筆者の手元に、分銅惇作・鈴木醇爾編『近代の文章』なる本がある。この本では、明治維新から太平洋戦争に負けるまでの文章を集めている。著者の本に即して言うと、この本では、第一部全体を「近代」として取り扱っている。

「近代」の実質的意味に拘っている筆者としては、著者による定義が欲しいと思った。「近代」を「現代」の「グローバリゼションの時代」まで入れてしまうことは、かなり歴史学的に無理があるのではないか。実質的に本書は『近・現代日本大学史』になっていると思う。

（7）大学の大学たる所以の「学位授与権」の扱いが小さいことは、ドイツ大学史を専攻している筆者としては、大変気になった。政府が決めた規定から大学を見るという手法が多く採用されている。すると、明治期の政府と大学のやりとりのなかに学位のことが余り出てこないのは、政府（文部省）が学位授与権を持っていたのだから、当然のことだろう。

とは言え、大学が、中世から二一世紀まで変化なく持ち続けているのは、学位授与権なのだから。そういった意味では、議会制度や国民国家よりも古いと言える。他の社会組織は果たさないが、大学だけが果たしてきた機能は、学位授与権だけである。

学位授与権やハビリタツィオン（大学教授資格試験）を実施する権利が、大学にとっていかに大切であるかは、一九世紀末の工業大学の学位授与権獲得運動や「大学史研究会」の会員早島瑛氏の商科大学にかんする研究で、明らかである。中世においては「万国教授資格」（ius ubiqe docendi）を出しうるか否かが重要であった。この資格を出せない教育機関は大学とは認めらなかった。

ドイツの大学人にとっては、ドクター学位を授与したり、ハビリタツィオン（大学教授資格試験）を実施して、教授資格（venia legendi）を授与する機関が大学なのであることは、当たり前のことであった。

筆者の経験では、60-70年代のドイツの大学改革で、大学が統合され、ＰＨ（師範学校）の教授たちが教育学部の教授になるのを見て、親しくしていたミュンヘン大学のＲ・Ａ・ミュラー氏は、「あいつらは、ハビリタツィオンの資格もとらずに、大学の教授になりおる。」と文句を言っていた。筆者は、そこにドイツの大学人の信条・本音をかいま見た気がした。

「学士」が「学位」ではなく「称号」であったことが、本書で明らかにされている（６８、４６３頁）。森鷗外も、『舞姫』のなかで「一九の歳には学士の称を受けて、大学の立ちてより云々」と書いているが、「学士の称」と言っていることは、著者の説明と考え合わせて、正確であると思う。しかし大部分の人にとっては、「学位」だろうが「称号」だろうが、一緒くたに使われていることは、波多野精一の本の「あとがき」に、「三木清学士にお世話になった」という趣旨のことが書いてあることからも見て取れる。学位や称号の社会的効用について考えさせられる事例と言えよう。

明治以降、それまでの中国基準ではなく、西洋基準で文学も経済も法学も兵法も判断することが多くなった。まさに西学東漸、和魂洋才と言えよう。帝国大学も１９２０（大正９）年まで博士号学位授与権を持っていなかった（著者の教授による）とすれば、西洋的基準で言えば、大学でなかったことになる。装甲が薄くて敵の弾が貫通しやすくて、スピードが遅くとも、旧陸軍の首脳が「戦車」と言えば、「戦車」だったことを、司馬遼太郎が書いていることと考え合わせると、日本政府が「大学」と言えば、博士号学位授与権を持たなくても、思考の自由（libertas philosophadi）がなくても、「大学の自治」がなくても、日本的な、ナショナルな「大学」だったのである。われわれ日本人の思考様式は「大学」も「戦車」も変わらなかったと言えよう。筆者の単なる仮説にすぎないが、明治期の大学を作った人々は、幕末までの日本の学校の伝統的あり方に引きずられて思考していたのではないか、そして、大学を政府の一つのブランチと考えていたのではないか、と思う。

帝国大学が博士号学位授与権を得た１９２０（大正9）年と言えば、言わずと知れた、「大学令」によって大量の私立専門学校が大学に生まれる年にほかならない。

（7）「講座」という言葉には、とくに気になった。この言葉にもゼミと同じように多義性があり、「広辞苑」にも三つの意味が書いてある。1、講義をする場所。講師の座る席。2、(chair) 大学で、独立の専門領域の研究・教育のために設けるもので、学部・学科を構成する単位。教授・準教授・助教授等がおかれる。3、2になぞらえて、ある学科の体系的知識が得られるように編集・編成した出版物や放送番組・講演会。「講座制」については、「講座によって組織する大学の制度。学科目制に対していう」とある。

私たち大学人は、「広辞苑」の意味も含めて、「講座」をもっと広い意味に使っている。①教授職という意味に使う、②学問領域を言うとき使う、③講義という意味に使う、④〇〇（先生の名前が入ったり、学問領域が入ったりする）講座の出身という使い方をする、⑤教授1、準教授もしくは専任講師1～2、助手数人という講座制を言うばあいもある。このように多様に使われている。

したがって、厳密を期するという意味で、寺﨑先生の著書89頁の「講座」という言葉は、「講師の座る席」のことだから、「教授職」と言った方が誤解がないと思う。これは西洋の大学を研究する者の意見が完全に一致している。筆者は、Lehrstuhl を「講座」と訳さないで、「教授職」と訳すことにしている。

ドイツ語にも英語にも、「一人一講座」にあたる言葉はない。特殊日本的な言葉である。西洋人は、ドイツ語の Stuhl も英語の chair も一人しか座れないことを知っているからである（長椅子は大学史では問題にならない）。

「講座」という言葉が史料にあるとすれば、そのまま使うか、より的確に実態を表す他の言葉に置き換えるか、著者の判断に依存することになろう。

（8）最後のところで、著者なりの「近代大学とは何か」の回答を提示してもよかったのではないかと思う。その問題は、「本書を読んだめいめいが考えればいいんだよ」という返答が返って来そうであるが、ドイツにおける近代大学の特性を考えている筆者としては、やはり聞いてみたい気がする。日本における近代大学について、それぞれが勝手な意見を言って、見解の一致をみない無様な姿を呈しないために、著者の正式な回答を示しておく必要があったという気持ちは抑えきれない。

3　感想

第三に、本書を読んでの感想である。

（9）「規制緩和とグローバリゼーションの時代」もそうだが、戦後の70年代からは「現代の大学」と言ってもいいと思う。時代区分という歴史学上の大問題はさておき、現在の世界では、アメリカのトランプに象徴されるように、ヨーロッパでも民族主義政党が勢いを増している。こういう中で、大学と国家との関係は将来どうなっていくのかと考えるが、筆者はこう考えている。大学はもともとグローバルな性格（融通無碍性）を持っており、ドイツのナチの時代、日本の軍国主義の時代を生き延びる「したたかな構造」を持っている。国家や官僚は大学を押さえ込んだ、俺たちの言うがままだと思っているかも知れないが、大学の方は、国家や官僚に改革をさせ、金をださせ、生き延びていく不死身の人間のような「したたかさ」を持っていると考えている。大学は、仏教世界にも、回教世界にも、その他の世界にも、入り込んでいく「したたかさ」を持っている。

（10）本書は、二重の意味での「挑発状」のような性格を持っている。一つは若者に向けられた挑発状である。もう一つは、現職にある大学教師に向けられた挑発状である。

若者に向けられた挑発状から、説明する。

若い世代は、本書を越えるべく奮起してほしいという願いが込められているのではないか。かって著者は、「大学史研究会」で「若い人は僕たちを乗り越えていく義務がある。僕たちは、乗り越えられる権利を持つ。」と言ったことがある。著者の『日本における大学自治制度の研究』を見ても、その増補版をみても、本書『日本近代大学史』を見ても、乗り越えるには、「豊かな問題意識」と「多量の正確な事実の収集」と「全体の構成力」の三つが必要だと分かってくる。しかも集め得た事実を全部使うことは不可能で、いくら正確な事実でも、捨てなければならない。すると、取捨選択の能力も問われることになる。「乗り越える義務」のために、誰かがそういう試みに挑戦して欲しい。高い壁に絶望して、そのまま受け容れた方が楽だという気持ちになることも分かるが、是非挑戦してみて欲しい。こういうことを考えてくると、「若い人は僕たちを乗り越えていく義務がある。僕たちは、乗り越えられる権利を持つ。」という言葉は、「壁はできるだけ高くしておくよ」、「できる人はやってみなさいよ」という著者の若い人たちへの挑発の意味があったのではないかと思っている。

もう一つは、現職の大学人に対する挑発状である。著者には「今の大学人は腐っている」という認識があったのではないか。「大学の自治」の領域では、政府や官僚に追いまくられ放しである。先人たちは「大学自治」のために、かく奮闘した、「それにひき換え現代の大学人は」という意識があったのではないか。堕落史観があるのではないか。政府・官僚に対抗するには、理論が必要である。理論形成には事実が不可欠である。本書には「自治事件史」にかんする事実が満載である。大学人が、政府・官僚に対抗するための材料を提供していると、筆者には思える。

(11) (1)の研究方法、(2)の科学的精神、(3)の汎用性、に書いたこととも密接に関連するが、本書を通読して感じたことは、「大学史学の科学性はいかにして保証されるか」という根本問題であった。「大学史学」を「経験科学一般」と言い換えてもいい。本書は著者の「観点」から「問題」を設定し、問題の解決のために必要な条文や事実を検討して、一定の「結論」を得る。その「結論」の妥当性は、①その結論が論理的整合性を持っているか、②その結論を覆す事実はないか、これら2つのことは客観的に検証され得る。学界において完全な「観点の自由」と完全な「言論の自由」が認められている限り、自由になされ得る。したがって、筆者は、著者の認識論・科学論は、コンピュータのOSの役割を果たすと思っている。

(12) 世代が違うのだから当然とは言えるが、諸外国の大学を歴史現象を念頭に置いて書いている点でも、

「大久保利謙氏の『日本の大学』とは一味違うんだよ」と著者は言っているように思える。そういった意味で、後生の研究者が作業に取りかかるときの模範となるに十分値しよう。

（13）あと二点、著者に確かめたいことがある。一つは、本書には「はじめに」はあるが、「おわりに」はない。なぜ「おわりに」を書かなかったのか、知りたい気がする。

もう一点は、「大学と国家」は太い問題意識として設定されているが、「大学と天皇制」という問題意識も著者の脳裏には浮かんだのではないか。高名なジャーナリストが、著者ほど根本史料にあたっていないとは言え、『天皇と東大』（文芸春秋２００５年12月）という政治からみた本を書いた。また帝国大学の教授を「勅任官」と呼んだのを、著者は知らないはずはない。その上で、著者は、なぜ「大学と天皇制」をはぶいたのか聞いてみたい。

（14）著者の『日本近代大学史』は出版された。望むらくは、中世から17世紀までに大学が発生したり、取り入れたりした国々の、日本人好みの大学史が日本人の手で書かれることである。具体的にいえば、フランス、イタリア、イギリス、ドイツ、アメリカ、かって植民地であった国々の大学史である。著者に失礼だが、無理矢理著者も筆者らの世代に入ってもらって、若手は細かい精緻な学部や学問領域などの研究に精を出してもらう一方、筆者らの世代は、大ざっぱでもいいから、自分の研究している国の大学史の通史を描くのが、世代の責務なのかも知れない。それらを統合するのはその次の世代かも知れないと思う。

（15）著者が「奇跡的な学問共同体」と呼んでいる「大学史研究会」のことを忘れるわけにはゆかない。森鷗外の『しがらみ草紙の本領を論ず』のなかに、「若い人達は物事をよく理解していないために、どう仕様もない奴らだと見捨てずに、自らを奮い起こして、彼らを長い目で育て上げ、彼らの地位を自分の地位に近づけようと努力する」という趣旨のことが書いてあった。筆者は、四人の先生が「大学史研究会」を設立された趣旨と同じだと思った。来る者は拒まずというのが「大学史研究会」の方針だが、院生を単なる知識・情報の受け手としか見ない人がいる中で、苦労・努力があったと思う。

こういう研究会を作るとき、問題になるのが研究機関か教育機関かということである。多くの学会もこの問題を抱えていると思う。ある学会の編集員をしているとき、筆者もこの問題に直面した。投稿された論文を細かく添削するか、採否だけ通知するかが問題となった。筆者は、教育機関に重きを置いている。「大学史研究会」も教育機関だと思う。筆者自身がここで育てられたからに他ならない。

以上忌憚のない意見を書き連ねてきたが、もし仮にそれらが失当でなかったとしても、本書の存在価値を少しも毀損するものではない。陶冶可能性をまだ持っていると信ずる人は、老いも若きも、本書の「はじめに」、「目次」、戦前と戦後の「概説」をコピーし、くりかえし熟読玩味し、音読し、心の底に貯え、どうすれば科学的な論文が書けるかを学んで欲しい。

筆者は、先学のこうした優れた業績にまだまだ学んで、今後も、魯鈍に鞭打ちながら、少しずつでもドイツ大学史をやっていこうと思っている。

あとがきに代えて

本書を書く過程において、たくさんのことに思いをめぐらす機会を得た。「大学史研究会」の創設者四人の先生方のこと、「大学史研究通信」に参加し投稿こそしなかったその道の大家の人びと、たたかわされた議論の豊かさ、などなど思い出は尽きない。筆者も大学史研究者の端くれであるから、日本に大学や学問が導入された明治時代のことには関心がある。本書を書くなかで、「大学はしたたかな構造」を持っていて「特殊から普遍へ」と変貌していくという歴史的事実、学問にかんしては、「信ずる学問から考える学問へ」と転換があったこと、計三つの事実に気がついた。

先に挙げた学問論の転換については、まだ自分のなかで決着はついていない。この問題は決着はなかなかむずかしいと思うが、疑問は疑問のまま残しておくしかない。

自慢話と受けとられると私の真意と異なってしまうが、授業では、「大学史研究会」で身につけた実証主義で内容を組み立てていった。のちに著作を出版して貰うことになる「学文社」の三原多津夫氏が社会人学生で授業をとっており、「一方的独り善がりな講義法ではなく、学を感じさせてくれるいい授業でよかったというのが第一印象」と書いてくれて私を歓ばせてくれた。

とすれば、「大学史はいつからメシがくえるようになったか」という疑問には、客観的には意見がたくさんある事実はすでに述べたが、傲慢と言われようとも、主観的には、私が明治大学に職を得て、授業を持ってからと考えている。あくまで主観的意見である。

ところで、私には三人の恩師がいる。その内二人の先生は「大学史研究会」の創設にかかわっていらっしゃる。一人も大学史と無関係ではない。

ヨーロッパの知の沃野を大学を通じてみることの面白さを教えてくださった横尾壮英先生は、設立されたばかりの「大学史研究会」に、当時修士課程（今の言い方だと博士課程前期課程）の院生だった私を入れてくださった。そこで、理科系、文科系を問わず多くの学者・先生方と知りあいになれて、視野を広げてくださった。どこかに書いたことがあるが、私にとっては、「大学史研究会」は連合大学院であった。

他大学出身者である私に明治大学に職をうる機縁を作ってくださった野邉忠郎先生は、当時教職課程の主任であり、大学教師の在り方を親切に教えてくださった。教職課程はいわゆる教員養成の課程であるので、法律に定められた教職科目だけを講義すればよかった。当然大学史という科目なかった。伝統的な教育学を研究することを勧められたこともあったが、すでに「大学史研究会」でコント流の実証主義の精神に触れていた私は、形而上学的段階の尻尾を身につけた伝統的教育学をやる気はサラサラ無かった。「学問の自由」や「大学の自治」を大切にする明治大学で、「大学史の研究」をやめなさいなどとは言われなかったが、言われてもやめる気はまったくなかった。明治大学の学内紀要や学外の雑誌に「大学史」の論文を書き続けていった。野邊先生はそれを許してくださった。

寺﨑昌男先生は、本文にも書いたように、第3号の「ことば」に「宮島セミナーの収穫は、上山さんの初参加と、院生・助手諸兄の詳細な発表だったという意見が圧倒的でした」と書いてくださり、若者を励ましてくださった。明治大学に職を得てからは立教大学の寺崎ゼミの授業にもぐらせて貰い、よく昼食を御馳走になった。私なりに若手の研究者を励ます姿勢は、この言葉がモデルだと思っている。

３人の先生（横尾壮英先生、野邉忠郎先生、寺﨑昌男先生）をたとえて言えば、横尾先生に種を播いてもらい、野邉先生のお陰で明治大学に職をえて、そこで給与をもらいながら大学教師としての修業をつみ、寺﨑先生をはじめとする「大学史研究会」で大学史研究者としての道を歩んでいった、と言えるかも知れない。

そういった意味で、「大学史研究会」は「私のこころの故郷」であった。「こころの故郷」であるが故に、一番腐心したのは「時代区分」であった。

他の人に理解してもらうように肝要なのは、「全体」（大局観という人もある）と重要な「細部」であるが、「時代区分」は「全体」（大局観）に当たるものである。

だから「時代区分」は、他の人に理解してもらえるように設定したが、他にもあるかも知れない。でも私にとっては、本書で設定した「時代区分」が一番しっくりきたので、これを選んだ。

本書が完成したことといくつかの「視点の設定」にかんしては、早島瑛会員に深く感謝している。一時本書を中断していた筆者を激励してくれたうえに筆者の気がつかなかった視点をいくつか教えてくれた。

さらに全く個人的なことをお許し頂きたい。一番印象に残っているセミナーは、第１期では、第３回目の宮島セミナーと第10回伊予大洲セミナーの２つである。第２期では第10回河口湖セミナーである。

第1期の第3回宮島セミナーは、自分がはじめて発表したという意味で忘れがたい。テーマは、「イエズス会廃止後のインゴルシュタット大学」であった。イエズス会（ドイツ語ではJesitenorden ジェスイット会）は1773年に一時廃止された。現在は復活していて、上智大学はその創設になる。

伊予大洲は映画寅さんでも取りあげられた風光明媚な町である。1974年1月12日の朝食の時だったと思うが、横尾壮英先生からある人と会ってみることを奨められた。その人は後輩で、顔を知っている人であった。その人が私の女房である。

もう一つ忘れられないことは、大州セミナーで、羽田積男会員（寺﨑先生の紹介で会員になったと記憶している）と知りあいになったことである。発表題目は「明治前期におけるドイツ大学観の導入について〜『国法汎論』の大学史上の意義〜」であった。何故忘れがたいかというと、後年教育学会の紀要『教育学研究』で私の著作『大学改革の系譜：近代大学から現代大学へ』を羽田氏が書評することになるからである。知りあった当時は、まさか将来羽田氏が私の著作を書評してくれるとは夢にも思わなかった。『国法汎論』（Allgemeines Staatsrecht、現在では「一般国家法」と訳される）とは、スイス生まれでドイツ語圏で活躍した法学者・政治学者Jahann Kasper Blunschli（ブルンチュリ、1808-1881）の主著である。明治期に加藤弘之の訳で出版されており、政治学及び大学論で注目されている。

河口湖セミナーは、ここでの筆者の発表が、喜多村和之先生（本会の会員でもある）の目にとまり、筆者はじめての単行本『学校陶太の研究』（喜多村和之編　東信堂　1989年7月）として出版されたから、忘れがたい。この本は、当時まだ国立教育研究所（現国立教育政策研究所）にいた荒井克弘会員が「日本教育社会学会」編『教育社会学研究』（第47集）で、筆者の紹介した「J・D・ミヒャエリス（1717〜

1791、ゲッティンゲン大学教授、主著"Räsonnement über protestantischen Universitäten"『プロテスタント大学についての理性的判断』)」の大学論に触れつつ書評してくれた。ここでの原稿は、『近代大学の揺籃』(2014年4月　知泉書館)の第三部第一章「ドイツにおける大学統廃合―ナポレオン期の事例より」に組みこんだ。その意味でも印象深い。

本書を終わるにあたって、私が気がついた大学の三大特徴をまとめておきたい。三大特徴とは、本書の叙述のなかでも個々には触れたが、(1)「したたかな構造」、(2)「特殊的存在から地域的存在へ、地域的存在から普遍的存在へ」、(3)「大学学問は、大学導入以来西洋的学問へ」の三つである。個々に、繰りかえしになるかも知れないが、個々に詳しく述べてみよう。

(1)大学がしたたかな構造を持っていることについては、大学は約九〇〇年の歴史を持っており、その間宗教改革、絶対王制、国民国家、独裁、共産主義、民主主義などと政治的出来事や政治体制は色々あったが、学位授与権や教授資格授与権を持ちつづけてきたことに表れている。大学はその間衰退することはあったが、変容しつつ廃止されることもなく各時代をしぶとく生きぬいてきた。これは「したたかな構造をもっている」と形容されても不都合ではない。

(2)大学が西洋的特殊的存在から地域的存在へ、地域的存在から普遍的存在へと変容してきたことについては、大学は、中世ヨーロッパに生まれ、はじめ「特殊西洋的存在」であったが、神聖ローマ帝国の領土に広がり、「地域化」した。19世紀の末には、仏教圏にもまたイスラム教圏にも普及し、現在ではアフリカにも伝播し、「普遍的存在」となった。

筆者は、長年ドイツの大学を研究してきた「地域化」までは思い至ったが、「普遍化」までは思い至らなかった。16世紀には、大学は「ドイツ化」するが、それを「地域化」現象と捉える視点はあったが、いずれ「普遍化」と捉える発想がまだなかった。今回本書を書く過程で気がついた。

中国や韓国、日本の大学入学試験の激烈さは、逆に、大学という存在の「したたかな構造」を証明しているのではないかと思う。

（3）大学における学問は、地域的な学問から西洋的な学問へと変わっていった。大学という制度が導入されるまで、一定の独自の文化を持つ国民は、独自の考え方と学問観というものを持っていたと考えて差しつかえない。仏教は仏教の、儒教は儒教の、ヒンズー教はヒンズー教の、イスラム教はイスラム教の学問観をそれぞれ持っていた。日本における学問観についてはすでに述べた。

ところが、大学における学問は、すべてとは言わないが、西洋的な学問がほとんどである。日本の例で言えば、「信ずる」学問から「考える」あるいは「疑う」学問への転換があったと考えられる。大学を受けいれるということは、即ち西洋的な学問を受けいれるということである。そこに伝統的な学問観と西洋的な学問観との葛藤はなかったのだろうか。

本書の出版にあたっては、学文社の社長田中千津子氏と編集担当の落合絵理さんにはお世話になった。深く感謝する。

以上、私の思い出と価値判断をまじえて「初期大学史研究会のあゆみ」を描いてきた。その道程は、

「根本知探究」の旅だったような気がする。大学史の研究を通じての「根本知探究」の道程である。この拙い「初期大学史研究会のあゆみ」が、今後の「大学史研究会」の運営に役立てば、筆者の望外の幸せである。

大学史の研究がさらに進展することを祈念して。

２０２４年　２月29日

著　者

索　引

人名索引

事項索引

【著者紹介】

別府昭郎（べっぷ　あきろう）

1945年6月宮崎県、小林市生まれ。広島大学教育学部教育学科卒業の後、1973年3月広島大学大学院教育学研究科博士課程（西洋教育史）単位修得。1973年4月明治大学文学部助手、専任講師、助教授を経て、明治大学文学部（教職課程）教授。二部教務部長（現副学長）。この間、ミュンヘン大学の歴史学研究所にて大学史の研究に従事する。広島大学大学教育研究センター客員研究員、日本女子大学人間社会学部非常勤講師、名古屋大学大学院教育学研究科非常勤講師、上智大学文学部非常勤講師、エアフルト大学客員研究員、明治大学体育会サッカー部部長を歴任。博士（教育学）。2016年退職。大学史研究会会員。大学史・大学論研究家。著書に『ドイツにおける大学教授の誕生』（創文社）、『近代大学の揺籃』（知泉書館）、『大学改革の系譜』（東信堂）というドイツ大学三部作のほか、『学校教師になる』（学文社）などがある。

大学を問う—初期大学史研究会のあゆみ

2024年4月30日　第1版第1刷発行

著　者　別　府　昭　郎

発行者　田中　千津子

発行所　株式会社　学　文　社

〒153-0064　東京都目黒区下目黒3-6-1
電話　03（3715）1501（代）
FAX　03（3715）2012
https://www.gakubunsha.com

印刷　新灯印刷㈱

ISBN978-4-7620-3300-1